viamundo

Spanisch kompakt

Ein Selbstlernkurs
für Anfänger und Wiedereinsteiger

von Silvia Parra Belmonte

Bertelsmann Lexikon Institut

Autorin: Silvia Parra Belmonte
Projektleitung und Redaktion: Andrés Lojo Menk
Illustrationen: Joachim Küker-Bünermann
Satz: Typographischer Betrieb Biering & Numberger, München
Sprachaufnahmen: BITON Production, Frankfurt
Herstellung: Michael Schack, Hartmut Fichtner
Einband: Anke Eickholt
Druck und Bindung: Ebner & Spiegel, Ulm

Aktuelle Informationen und Serviceangebote des Verlages
finden Sie auch im Internet unter
www.lexikoninstitut.de
www.via-mundo.com

ISBN: 3-577-10487-2 (Buch)

Liebe Leserin, lieber Leser,

Sie halten unseren Sprachkurs *Spanisch kompakt* in der Hand, weil Sie in kurzer Zeit und auf unterhaltsame Art Spanisch lernen möchten. Sie haben richtig gewählt: Dieser kurzweilige Sprachkurs richtet sich an Erwachsene, die ihre längst verschütteten Spanischkenntnisse im Selbststudium zu Hause wieder auffrischen wollen. In zehn übersichtlichen Lektionen lernen Sie die wichtigsten Redemittel, Grammatikphänomene und Vokabeln, die ihnen ermöglichen, alltägliche Situationen in der Fremdsprache entspannt und souverän zu meistern. Das Erlernen der kommunikativen Sprachfertigkeiten steht hier im Vordergrund. Zwischendurch erfahren Sie immer wieder Interessantes über Land und Leute.

Setting

Die Geschichte spielt in Andalusien, der südlichsten Region Spaniens. Die allgegenwärtigen Zeugnisse römischer Baukunst und maurischer Kultur machen sie zu einem der geschichtsträchtigsten und kulturell interessantesten Landstriche der iberischen Halbinsel. Die von vielfältigen Landschaftsformen geprägte Region bietet ein größtmögliches Spektrum an Freizeitaktivitäten vom Winter- bis zum Wassersport. Hauptakteure sind Martin aus Stuttgart, der einen Sprachkurs in Andalusien macht und sein spanischer Freund Manuel, der in Malaga lebt und arbeitet. Martin nutzt seinen Sprachkurs, um Manuel zu Hause zu besuchen und mit ihm und seiner Familie zahlreiche Ausflüge in die nähere Umgebung zu machen.

Inhalt und Struktur

Der Sprachkurs umfasst insgesamt 10 Lektionen, die jeweils in zwei Lerneinheiten A und B unterteilt sind. Für die Bearbeitung einer Lerneinheit benötigen Sie ca. 30 bis 45 Minuten. Jede Lektion besteht aus folgenden Elementen:

Diálogo

Jede Lerneinheit beginnt mit einem lebensnahen Dialog auf Spanisch und einer abschließenden Verständnisübung *(Control)*. Auf der gegenüberliegenden Seite finden Sie die deutsche Übersetzung, damit Sie überprüfen können, ob Sie auch wirklich alles verstanden haben.

Práctica
Zunächst werden die wichtigsten Redemittel aus dem Dialog noch einmal mit Alternativen herausgefiltert. Danach folgen verschiedene Übungen, in denen die neu vorgestellten Redemittel, Vokabeln und die Grammatik eingeübt werden. Rätsel zwischendurch lockern das Lernen auf. Der Lösungsschlüssel befindet sich im Anhang auf den Seiten 151-160.

Gramática
Hier werden die wichtigsten grammatischen Aspekte aus dem Dialog auf Deutsch erklärt und eingeübt. Eine Übersicht über alle behandelten grammatischen Themen finden Sie im Grammatik-Register auf Seite 175.

Civilización
Die Lerneinheit A schließt mit einem kurzen authentischen Lesetext ab, z. B. aus einer Touristenbroschüre, einer Speisekarte oder einer Bedienungsanleitung.

Revisión
Am Ende der Lerneinheit B können Sie in der *Ejercicio de revisión* das bereits Gelernte festigen. Außerdem haben Sie die Möglichkeit, die erlernten Sprachfertigkeiten in ein persönliches Profil (*Le toca a usted*) einzutragen, so dass Ihnen am Ende des Buches eine breite Palette an maßgeschneiderten biographischen Daten zur Verfügung steht.

Vocabulario
Am Ende einer Lektion finden Sie die wichtigsten neuen Wörter mit deutscher Übersetzung in alphabetischer Reihenfolge. In dem Teil *Wörter A-Z* am Ende des Buches erscheint der Grundwortschatz mit Vokabeln aus den einzelnen Lektionen.

Alle mit einem Ohr gekennzeichneten Texte können Sie sich auch auf der CD anhören, um Ihr Hörverstehen und Ihre Aussprache zu trainieren.

Wir wünschen Ihnen viel Erfolg und viel Spaß beim Lernen.

Ihre Autorin Silvia Parra Belmonte &
Ihr Redakteur Andrés Lojo Menk

Fonética

Die spanische Sprache verfügt über ein Alphabet mit 29 Buchstaben: Neben den im Deutschen verwendeten Buchstaben, werden auch *ch*, *ll* und *ñ* eigenständig behandelt. Das *ñ* klingt ausgesprochen wie die französische Kombination *gn* in Champagner. Das *ll* entspricht einem *lj*, wobei das *l* vielerorts kaum zu hören ist. Das *ch* klingt wie *tsch* in Tschüs.
Aber auch die anderen Buchstaben weisen ein paar Besonderheiten auf: Das *h* ist beispielsweise immer stumm und ein *z* wird wie das englische *th* gesprochen. Der Buchstabe *c* wird normalerweise wie ein deutsches *k* ausgesprochen, wenn er aber vor einem *-e* oder *-i* steht, klingt er wie das englische *th*. Ähnlich verhält es sich mit dem spanischen *g*: Vor *-e* und *-i* klingt es wie das *-ch* in ach, ein Laut, der auch dem spanischen *j* entspricht. Soll der Laut [g] mit einem *-e* bzw. einem *-i* kombiniert werden, dann schreibt man *gue* oder *gui*, wobei das *u* nicht gesprochen wird. Wie das deutsche *k* klingt die Kombination *qu*.
Vokale werden im Spanischen immer offen gesprochen, Doppelvokale werden auch akustisch getrennt: *e-u-ro*. Das seltene *ü* ist kein Umlaut, sondern nur ein Hinweis, dass dieses *u* ausgesprochen werden muss.

Die Betonung eines Wortes ist im Spanischen mit zwei Regeln festgelegt:

1. Wörter, die auf einem Vokal, auf *-n* oder *-s* enden, werden auf der vorletzten Silbe betont.
2. Wörter, die auf einem Konsonanten – außer *-n* und *-s* – enden, werden auf der letzten Silbe betont.

Alle Wörter, deren Betonung von diesen beiden Regeln abweichen, müssen mit einem Akzent auf der entsprechenden Silbe markiert werden, so z. B. *el Mediterráneo* – das Mittelmeer oder *la canción* – das Lied.

Bienvenido a Andalucía …Unidad 1
Willkommen in Andalusien

In dieser Unidad lernen Sie, wie man sich nach einer Unterkunft erkundigt.

Grammatik:

Sie lernen, wie Sie sagen, wo sich etwas befindet. **buscar**, **estar**, Verben auf **-ar**, bestimmter Artikel, unbestimmter Artikel, einfache Verneinung, **hay**

Wortfelder:

Touristeninformation, Unterkunft, Flughafen

Wörter aus dieser Unidad, die Sie vielleicht schon gesehen und verstanden haben:
la información • el hotel • claro • actual • el momento • el centro

En la aduana

Guardia: ¡Hola, buenos días! La documentación, por favor.

Martin: Perdón, la ¿qué?

Guardia: La documentación ... su pasaporte ...

Martin: Sí, claro. Mi pasaporte ... Un momento, por favor, ... no, la tarjeta de embarque no, el billete de avión no, ... a ver, el pasaporte ..., sí, aquí está.

Guardia: Bien, gracias.

Martin: Perdón ....

Guardia: ¿Sí?

Martin: ¿Hay un lavabo por aquí?

Guardia: Pues ... aquí sólo hay un lavabo de señoras, pero allí sí hay lavabos para caballeros.

Martin: ¿Dónde?

Guardia: Allí, donde está la indicación: estación.

Martin: Gracias.

Guardia: Eh, un momento, su pasaporte y su equipaje: la maleta y el bolso ... Necesita su equipaje, ¿no?

Martin: Ay, claro, gracias, muchas gracias.

Guardia: De nada, señor. Y bienvenido a Andalucía.

A1 Control ✔

Was stimmt? Was stimmt nicht? Machen Sie einen ✔ für richtig.

1. Der Beamte möchte Martins Flugticket sehen.
2. Martin sucht eine Toilette.
3. Es gibt nur eine Damentoilette.
4. Der Beamte hilft Martin mit dem Gepäck.

→ Die richtigen Lösungen finden Sie auf Seite 151.

Bei der Zollkontrolle

Polizist: Hallo, guten Morgen! Die Papiere, bitte.

Martin: Entschuldigung, die was?

Polizist: Die Papiere ... Ihren Pass ...

Martin: Ach ja, klar. Meinen Pass ... Einen Moment, bitte, ... nein, nicht die Bordkarte, nicht das Flugticket, ... mal sehen ... der Pass ... ja, hier ist er.

Polizist: Gut, danke.

Martin: Entschuldigung ...

Polizist: Ja?

Martin: Gibt es hier eine Toilette?

Polizist: Nun ... hier gibt es nur eine Damentoilette, aber dort gibt es Herrentoiletten.

Martin: Wo?

Polizist: Dort, wo das Schild ist: Bahnhof.

Martin: Danke.

Polizist: He, einen Moment! Ihr Pass und Ihr Gepäck: der Koffer und die Tasche ... Sie brauchen Ihr Gepäck doch, oder?

Martin: Ach natürlich, danke, vielen Dank.

Polizist: Nichts zu danken, mein Herr. Und willkommen in Andalusien.

Cultura

Vielleicht kommt Ihnen ja wirklich etwas bei Ihrer Ankunft Spanisch vor – denn es kann passsieren, dass Sie ein Flughafenangestellter – **un empleado del aeropuerto**, ein Taxifahrer – **un taxista** – oder ein Polizist ohne Umschweife duzt. Dies ist keine Respektlosigkeit oder Amtsanmaßung und erst recht keine Anmache: Nehmen Sie es als Zeichen romanischer Lässigkeit, und duzen Sie einfach zurück.

▶ Comunicación

¡Hola / Buenos días!
Hallo / Guten Morgen!
¡Perdón / Un momento, por favor!
Entschuldigung / Einen Moment, bitte!
¿Hay un lavabo de *señoras / caballeros* por aquí?
Gibt es hier eine Damentoilette / Herrentoilette?
Allí, donde está la indicación: *estación / aduana.*
Dort, wo sich das Schild Bahnhof / Zoll befindet.
La aduana / El equipaje está allí.
Der Zoll / Das Gepäck ist dort.
¡Gracias! / ¡Muchas gracias!
Danke! / Vielen Dank!
¡De nada!
Nichts zu danken!
¡Bienvenido a *Andalucía / Málaga!*
Willkommen in Andalusien / Malaga!

A2 Ejercicio de comunicación

Welches Wort passt? Kreuzen Sie an.
Vorsicht, nicht alle Sätze stehen wörtlich im Dialog.

1. ¿☐ Dónde ☐ Qué está el pasaporte?
2. La tarjeta de embarque, por ☐ nada ☐ favor
3. Martin busca un lavabo para ☐ caballeros ☐ señoras
4. ¡Muchas ☐ días ☐ gracias!
5. El guardia necesita ☐ el ☐ la documentación.
6. Aquí hay ☐ una ☐ un lavabo.
7. Bienvenido ☐ en ☐ a Sevilla.
8. ¡Gracias! – ☐ De ☐ Por nada.

1

A3 Ejercicio de vocabulario

Suchen Sie die spanischen Vokabeln zu den Begriffen.

			E	S	T	A	C	I	O	N
			Q							
			U							
			I							
			P		B					
P	A	S	A	P	O	R	T	E		
	D		J		L					
	U		E		S		M			
	A				O		A			
	N						L			
	A	E	R	O	P	U	E	R	T	O
							T			
							A			

Koffer
Bahnhof
Flughafen
Zoll
Pass
Tasche
Gepäck

A4 Ejercicio de gramática

Ergänzen Sie bitte *un* oder *una* und die passende Pluralform *-s* / *-es*.

1. ____ equipaje, ______________________
2. ____ billete, ______________________
3. ____ indicación, ______________________
4. ____ pasaporte, ______________________
5. ____ aeropuerto, ______________________
6. ____ hotel, ______________________
7. ____ señor, ______________________
8. ____ lavabo, ______________________
9. ____ documentación, ______________________
10. ____ tarjeta, ______________________

→ Die richtigen Lösungen finden Sie auf Seite 151.

▶ Artículo determinado e indeterminado – *Bestimmter und unbestimmter Artikel*

Die Endung *-a* kennzeichnet feminine Nomen, Sie verwenden sie mit dem Artikel *la* bzw. *una*. Im Plural kommt ein *-s* dazu.

la malet**a**	*der Koffer*	**las** malet**as**	*die Koffer*
una tarjet**a** de embarque	*eine Bordkarte*	**unas** tarjet**as** de embarque	*Bordkarten*

Die Endung *-o* kennzeichnet dagegen maskuline Nomen. Im Spanischen verwendet man sie mit den Artikeln *el* bzw. *un*. Im Plural ergänzen Sie bitte wieder einfach ein *-(o)s*.

el aeropuert**o**	*der Flughafen*	**los** aeropuert**os**	*die Flughäfen*
un bols**o**	*eine Tasche*	**unos** bols**os**	*Taschen*

Alle Nomen mit der Endung *-ción* stehen mit den femininen Artikeln *la / las* bzw. *una / unas*. Da das Wort nicht auf einem Vokal endet, ergänzen Sie im Plural bitte *-es*.

la esta**ción**	*der Bahnhof*	**las** esta**ciones**	*die Bahnhöfe*
una indica**ción**	*ein Hinweis*	**unas** indica**ciones**	*Hinweise*

▶ Negación – *Verneinung*

Übrigens – *no* ist im Spanischen sowohl „nein" als auch „nicht" bzw. „kein".

¿Hay guardias en la aduana?	*Gibt es Polizisten am Zoll?*
No, **no** hay guardias en la aduana.	*Nein, es gibt keine Polizisten am Zoll.*

ANDALUCÍA

Andalucía está en el sur de España. Es una región muy interesante y también muy especial – histórica - y gastronomicamente y también cultural. Allí está reunido lo más típico español: el flamenco y los toros, monumentos árabes y centros turísticos modernos, el jerez y las aceitunas, gazpacho y jamón.
Hay ocho provincias andaluzas: Granada, Almería, Málaga, Cádiz, Huelva, Sevilla, Córdoba y Jaén. La capital de Andalucía es Sevilla. En la costa mediterránea, en el este de Andalucía, está la famosa "Costa del Sol" con centros turísticos como Torremolinos y puertos lujosos como Marbella. En el oeste está el océano atlántico y con él, la "Costa de la Luz". Las ciudades más famosas son Cádiz y Jerez de la Frontera.

Cultura

Viele Orte tragen im Namen den Zusatz **de la frontera** – von der Grenze. Diese Bezeichnung geht zurück auf das Mittelalter. Andalusien wurde über 700 Jahre (711-1492) von arabischen Herrschern regiert. Die christlichen Könige – **los Reyes Católicos** – Isabel und Ferdinand kämpften erbittert gegen diese an und ließen bei ihrer Rückeroberung – **reconquista** – immer neue Grenzstädte entstehen.

Página Web

http://www.andalucia.org/

En la taquilla de información turística

Empleada: Hola, buenos días.

Martin: ¡Buenos días! Necesito un plano de la ciudad y un mapa de Andalucía.

Empleada: Tenga: el plano de la ciudad y aquí hay un mapa turístico de Andalucía, pero faltan carreteras. Pero hay mapas actuales ahí en la tienda ...

Martin: No, ya está bien, gracias ... Y también necesito una información: Busco una habitación por aquí.

Empleada: Claro, un momentito, por favor. Necesita una habitación individual, ¿no? ¿Qué busca? ¿Un hotel, un hostal?

Martin: Pues, un hotel ... pero en el centro de la ciudad, por favor.

Empleada: Con mucho gusto. A ver ... Sí, hay un hotel aquí – en la calle Enrique Granados y también hay un hotel en la calle García Lorca. ... Aquí está.

Martin: Muy bien. Sólo una pregunta. Para ir al centro, ¿hay un autobús o un tren?

Empleada: Hay autobuses. Mire: la parada está alli, por aquella salida.

Martin: Gracias.

Empleada: De nada. Adiós, buenos días.

B1 Control ✔

Was stimmt? Was stimmt nicht? Machen Sie einen ✔ für richtig.

1. Martin braucht einen Stadtplan und einen Zugfahrplan.
2. Er sucht ein Einzelzimmer.
3. Er sucht ein ruhiges Zimmer am Meer.
4. Vom Flughafen fahren Busse ins Stadtzentrum.

→ Die richtigen Lösungen finden Sie auf Seite 151.

Am Touristeninformationsschalter

Angestellte: Hallo, guten Morgen!

Martin: Guten Morgen! Ich brauche einen Stadtplan und eine Landkarte von Andalusien.

Angestellte: Bitte sehr: Der Stadtplan und hier ist eine Touristenkarte von Andalusien, aber es fehlen Straßen. Aber es gibt aktuelle Landkarten dort in dem Laden ...

Martin: Nein, die reicht, danke. Und ich brauche auch eine Auskunft: Ich suche hier ein Zimmer.

Angestellte: Natürlich, einen kleinen Moment, bitte. Sie brauchen ein Einzelzimmer, oder? Was suchen Sie? Ein Hotel, ein Hostal?

Martin: Hm, ein Hotel ... aber bitte im Stadtzentrum.

Angestellte: Gern. Mal sehen ... Ja, es gibt hier ein Hotel – in der Enrique-Granados-Straße und auch ein Hotel in der García-Lorca-Straße. ... Hier ist sie.

Martin: Sehr gut. Nur noch eine Frage. Gibt es einen Bus oder einen Zug ins Stadtzentrum?

Angestellte: Es gibt Busse. Schauen Sie: Die Haltestelle ist dort, durch diesen Ausgang.

Martin: Danke.

Angestellte: Gern geschehen. Auf Wiedersehen und einen schönen Tag.

Cultura

Eine landestypische Besonderheit stellen die so genannten **hostales** dar: kleine, recht einfache Hotels, meist mit familiärem Flair. Die Kürzel der Unterbringungskategorien (z. B. **H** für Hotel) sind auf blauen Schildern mit weißer Schrift angegeben. Die Zusatzinformation **residencial** gilt für Unterbringungen ohne Restaurantservice. Die **Guía Oficial de Hoteles**, den offiziellen Hotelführer, bekommt man bei den staatlichen Fremdenverkehrsämtern.

▶ **Comunicación**

Necesito un *plano de la ciudad / mapa de Andalucía.*
Ich brauche einen Stadtplan / eine Andalusienkarte.
Necesito una información / Sólo una pregunta.
Ich brauche eine Auskunft / Nur eine Frage.
Necesito una habitación *individual / doble.*
Ich brauche ein Einzel- / Doppelzimmer.
Busco un *hotel / hostal.*
Ich suche ein Hotel / Hostal.
El hotel está en la *calle / avenida* del rey.
Das Hotel ist in der Königsstraße / -allee.
¿Hay un autobús para ir al *centro / aeropuerto*?
Gibt es einen Bus zum Stadtzentrum / Flughafen?
La parada de *autobús / taxi* está allí.
Die Bushaltestelle / Der Taxistand ist dort.
Adiós / Buenos días.
Auf Wiedersehen / Einen schönen Tag.

B2 Ejercicio de comunicación

Wie heißen diese Sätze auf Spanisch?
Vorsicht, nicht alle stehen wörtlich im Dialog.

1. Entschuldigung, ich suche die Bushaltestelle.

____

2. Gibt es ein Hotel im Stadtzentrum?

____

3. Ich brauche ein Doppelzimmer.

____

4. Gibt es hier einen Stadtplan von Málaga?

____

1

5. Gibt es einen Zug zum Flughafen?

____

6. Guten Morgen, ich suche den Touristeninformations-schalter.

____

B3 Ejercicio de vocabulario

Wie heißt das Wort auf Spanisch? Bilden Sie die Wörter aus den angegebenen Silben.

A • AU • BI • BUS • CA • CE • CION • CIU • DA • DA • DAD • EM • GUN • HA • NE • PLE • PRE • RA • RRE • SI • TA • TA • TAR • TE • TIEN • TO

1. das Zimmer: ______________________
2. der Bus: ______________________
3. die Frage: ______________________
4. die Stadt: ______________________
5. die Straße: ______________________
6. die Angestellte: ______________________
7. brauchen: ______________________
8. der Laden: ______________________

B4 Ejercicio de gramática

Welche Endung fehlt hier? Setzen Sie die richtigen Endungen in die Lücken ein.

1. Ellos busc ______ una habitación.
2. “María, ¿dónde est ______ ?”
   “Est ______ aquí, en el lavabo.”
3. Nosotros mir ______ el mapa de Andalucía.
4. El turista pregunt ______ en la taquilla.
5. “Buenos días, necesit ______ una información.”
6. La pensión “Doña Inés” est ______ en el centro.

→ Die richtigen Lösungen finden Sie auf Seite 151.

▶ Verbos en -ar – *Verben auf* -ar

Im Spanischen können Sie das Verb allein – ohne Personalpronomen – verwenden. An der Endung ist die jeweilige Person eindeutig zu erkennen.

▶ buscar – *suchen*

yo	busc**o**	*ich suche*
tú	busc**as**	*du suchst*
él/ella/usted	busc**a**	*er/sie sucht/Sie suchen*
nosotros/nosotras	busc**amos**	*wir suchen*
vosotros/vosotras	busc**áis**	*ihr sucht*
ellos/ellas/ustedes	busc**an**	*sie/Sie suchen*

▶ Hay – *Es gibt*

Um zu sagen, ob bzw. wo sich etwas oder jemand befindet, gibt es im Spanischen zwei Möglichkeiten: das unregelmäßige Verb *estar*, das mit dem bestimmten Artikel bzw. Namen benutzt wird, oder den unpersönlichen Ausdruck *hay*.

¿**Hay una** parada de taxi por aquí?	*Gibt es hier einen Taxistand?*
Sí, **la** parada de taxi **está** en la plaza Colón.	*Ja, der Taxistand ist am Kolumbusplatz.*

▶ estar – *sich befinden*

yo	est**oy**	*ich befinde mich*
tú	est**ás**	*du befindest dich*
él/ella/usted	est**á**	*er/sie befindet sich/ Sie befinden sich*
nosotros/nosotras	est**amos**	*wir befinden uns*
vosotros/vosotras	est**áis**	*ihr befindet euch*
ellos/ellas/ustedes	est**án**	*sie/Sie befinden sich*

B5 Ejercicio de revisión

Finden Sie die Wörter im Buchstabensalat und kreuzen Sie den richtigen Artikel an.

1. das Einzelzimmer: ____________ BANOCAHITI AINLDIDUVI ☐ el ☐ la
2. das Schild: ____________ CONIINDAIC ☐ el ☐ la
3. der Schalter: ____________ LATQLUAI ☐ el ☐ la
4. die Landkarte: ____________ AAMP ☐ el ☐ la
5. die Haltestelle: ____________ APADAR ☐ el ☐ la
6. das Stadtzentrum: ____________ OTNRCE ED LA DACUID ☐ el ☐ la
7. der Ausgang: ____________ ALSDAI ☐ el ☐ la
8. der Stadtplan: ____________ NPAOL DE AL AUDIDC ☐ el ☐ la
9. der Zug: ____________ NRET ☐ el ☐ la
10. die Straße: ____________ LELCA ☐ el ☐ la

Le toca a usted

Schreiben Sie Ihre persönlichen Sätze auf Spanisch auf. Beantworten Sie die folgenden Fragen in ganzen Sätzen.

Suchen Sie sich in einer fremden Stadt immer ein Hotel im Stadtzentrum?

____

Übernachten Sie immer in einem Hotel, oder auch manchmal in einem Hostal oder einer Pension?

____

→ Die richtigen Lösungen finden Sie auf Seite 151.

actual	*aktuell*
¡adiós!	*Auf Wiedersehen!*
aduana, la	*Zoll*
aeropuerto, el	*Flughafen*
aquí	*hier*
autobús, el	*Bus*
avenida, la	*Allee*
bien	*gut*
¡bienvenido!	*Willkommen!*
bolso, el	*Tasche*
¡buenos días!	*Guten Morgen!*
buscar	*suchen*
caballero, el	*Herr*
calle, la	*Straße*
carretera, la	*(Land-)Straße*
centro, el	*Zentrum, Mitte*
ciudad, la	*Stadt*
claro	*klar*
¡de nada!	*Nichts zu danken!*
empleada, la	*Angestellte*
en	*in*
equipaje, el	*Gepäck*
estación, la	*Bahnhof*
estar	*sein, sich befinden*
faltar	*fehlen*
¡gracias!	*Danke!*
guardia, el	*Beamter, Polizist*
habitación, la	*Zimmer*
habitación individual, la	*Einzelzimmer*
habitación doble, la	*Doppelzimmer*
hay	*es gibt*
¡hola!	*Hallo!*
hotel, el	*Hotel*
indicación, la	*Schild*
información, la	*Information*
ir	*gehen, fahren*
lavabo, el	*Toilette*
mapa, el	*Landkarte*
momento, el	*Moment, Augenblick*
muy	*sehr*
no	*nein, nicht, kein-*
necesitar	*brauchen*
para	*für, um*
parada, la	*Haltestelle*
pasaporte, el	*Pass*
pero	*aber*
plano, el	*Plan*
plaza, la	*Platz*
pregunta, la	*Frage*
por favor	*bitte*
¿qué?	*Was?*
salida, la	*Ausgang, Ausfahrt*
señora, la	*Dame, Frau*
sí	*ja*
sólo	*nur*
taquilla, la	*Schalter*
tarjeta de embarque, la	*Bordkarte*
taxista, el	*Taxifahrer*
tienda, la	*Laden*
tren, el	*Zug*
un	*ein*
una	*eine*
ya	*schon*

¿Por cuánto tiempo? …Unidad 2

Für wie lange?

In dieser Unidad lernen Sie, wie man nach dem Preis fragt.

Grammatik:

Sie lernen, wie Sie einen Zeitraum angeben.
ser, **tener**, Zahlen, Ordinalzahlen, Verben auf **er** und **-ir**, **decir**, **creer**

Wortfelder:

Autovermietung, Hotel

Wörter aus dieser Unidad, die Sie vielleicht schon gesehen und verstanden haben:
la provincia* • *el formulario* • *el documento* • *la identidad* • *espectacular* • *individual

En una agencia de alquiler de coches

Martin: ¡Hola, buenos días! Necesito un coche.
Empleado: Claro, señor, ¿qué tipo de coche necesita? Aquí hay un folleto con todos nuestros modelos: ese deportivo, muy espectacular o tal vez este todo terreno con aire acondicionado para visitar la montaña a su gusto ...
Martin: Oiga, necesito algo más ... más sencillo.
Empleado: Naturalmente, éstas son nuestras ofertas de temporada: están muy bien de precio. ¿Por cuánto tiempo quiere alquilar el coche?
Martin: Tal vez sólo un día. Depende del precio.
Empleado: Pues mire, tenemos tarifas de fin de semana y en el precio están incluidos el IVA, el seguro del coche, un servicio de asistencia en la provincia de Málaga – y el kilometraje es ilimitado.
Martin: Vale, alquilo uno para este fin de semana.
Empleado: Debe rellenar este formulario por favor y necesito su permiso de conducir y su documento de identidad para una fotocopia.
Martin: Aquí tiene y ¡oiga!, para devolver el coche ...
Empleado: No se preocupe, vuelva aquí el lunes o pase por nuestra oficina en el paseo del mar.

A1 Control ✔

Was stimmt? Was stimmt nicht? Machen Sie einen ✔ für richtig.

1. Der Angestellte empfiehlt Martin einen Mietwagen für das ganze Wochenende.
2. Die Autovermietung bietet nur sehr exklusive Wagen an.
3. Die Mehrwertsteuer ist im Preis enthalten.
4. Um den Wagen zu mieten, muss Martin nur seinen Führerschein vorlegen.

→ Die richtigen Lösungen finden Sie auf Seite 152.

Bei einer Autovermietung

Martin: Hallo, guten Morgen! Ich brauche einen Wagen.

Angestellter: Natürlich, mein Herr, welche Art Wagen brauchen Sie? Hier gibt es einen Prospekt mit all unseren Modellen: dieser Sportwagen, sehr spektakulär oder vielleicht dieser Geländewagen mit Klimaanlage um nach Lust und Laune das Gebirge zu erkunden ...

Martin: Hören Sie, ich brauche etwas ... Einfacheres.

Angestellter: Natürlich, hier sind unsere Saisonangebote: Sie sind preislich sehr interessant. Für wie lange wollen Sie den Wagen mieten?

Martin: Vielleicht nur einen Tag. Das hängt vom Preis ab.

Angestellter: Nun, sehen Sie: Wir haben Wochenendtarife und im Preis sind die Mehrwertsteuer, die Kfz-Versicherung, Pannenhilfe innerhalb der Provinz Málaga inbegriffen – und unbegrenzte Kilometer.

Martin: Einverstanden, ich miete einen für dieses Wochenende.

Angestellter: Sie müssen bitte dieses Formular ausfüllen und ich brauche Ihren Führerschein und Ihren Ausweis für eine Fotokopie.

Martin: Bitte sehr und hören Sie, um den Wagen abzugeben ...

Angestellter: Machen Sie sich keine Sorgen, kommen Sie am Montag hierher zurück oder fahren Sie bei unserem Büro an der Strandpromenade vorbei.

Cultura

Wichtig sind bei Formularen Ihre persönlichen Daten: Vorname (**nombre**), Familienname (**apellido**), Adresse (**dirección**). Außerdem wo und wann z. B. der Führerschein ausgestellt wurde (**expedido en .... el ....**) bzw. bis wann er gültig ist (**válido hasta ....**).

▶ **Comunicación**

¿Qué tipos de coche *tiene / busca*?
Welche Automodelle haben / suchen Sie?
Necesito algo *más sencillo / con aire acondicionado*.
Ich brauche etwas Einfacheres / mit Klimaanlage.
Estás son nuestras ofertas de *temporada / fin de semana*.
Das sind unsere Saison- / Wochenend-Angebote.
¿Está incluido el *seguro del coche / IVA?*
Ist die Kfz-Versicherung / Mehrwertsteuer inbegriffen?
¿Por cuánto tiempo quiere alquilar el *coche / aparcamiento*?
Für wie lange wollen Sie den Wagen / Parkplatz mieten?
Por *un día / dos semanas*.
Für einen Tag / zwei Wochen.
Hasta el *lunes / fin de semana*
Bis zum Montag / Wochenende
¡*Vale / No se preocupe*!
Einverstanden / Machen Sie sich keine Sorgen!

A2 Ejercicio de comunicación

Sortieren Sie die Wörter der folgenden Fragen und ordnen Sie die passende Antwort zu.

¿LOS – FOLLETO – CON – UN – TODOS – TIENE – MODELOS?

____

COCHE – AIRE – QUIERO – CON – ALQUILAR – UN – ACONDICIONADO.

____

¿COCHE – Y – DEVOLVER – PARA – EL?

____

¿FIN – TIENEN – DE – OFERTA – DE – SEMANA – UNA?

____

a. No, sólo tenemos tarifas especiales para semanas completas.
b. Claro, señor, aquí tiene.
c. ¿Por cuánto tiempo quiere alquilar el coche?
d. Pasa por nuestra oficina en el centro.

A3 Ejercicio de vocabulario

Etwas stimmt hier nicht! Korrigieren Sie das falsche Wort.
rellenan • kilometraje • conducir • alquilan • seguro • oficina • semana • folleto

1. Este fin de miércoles Susana y Juan alquilan un coche.
2. En la agencia tienen muchos modelos: en el billete están los precios.
3. Susana y Juan viajan un coche sencillo.
4. En el precio está incluido el conductor del coche.
5. El kilometro es ilimitado.
6. Ahora alquilan el formulario.
7. El empleado hace una fotocopia del permiso de coche.
8. La agencia tiene también una parada en la montaña.

A4 Ejercicio de gramática

Ergänzen Sie bitte die richtige Form von *ser* oder *estar*.

1. Marta: Hola, ________ Marta.
2. María: Hola Marta, nosotros ________ María, Gema y Felipe.
3. Marta: ¿ ________ de Málaga?
4. Felipe: No, de Málaga no, pero sí ________ andaluces, yo ________ de Cádiz, Gema y Felipe ____________ de Jerez de la Frontera. ¿Y tú?
5. Marta: ________ alemana, de Potsdam.
6. Gema: ¿Potsdam? ¿Dónde ________ Potsdam?
7. Marta: ________ cerca de Berlin.

→ Die richtigen Lösungen finden Sie auf Seite 152.

▶ ser – *sein*

Als eiserne Regel für die Unterscheidung und den richtigen Gebrauch der Verben *ser* und *estar* gilt: *ser* verwendet man mit Mengenangaben und Zahlen, aber auch um den Namen, die Staatsangehörigkeit oder den Beruf anzugeben. Mit *estar* kann man sagen, wo sich etwas befindet.

yo	**soy**	*ich bin*
tú	**eres**	*du bist*
él/ella/usted	**es**	*er / sie ist / Sie sind*
nosotros/nosotras	**somos**	*wir sind*
vosotros/vosotras	**sois**	*ihr seid*
ellos/ellas/ustedes	**son**	*sie / Sie sind*

▶ tener – *haben*

yo	**tengo**	*ich habe*
tú	**tienes**	*du hast*
él/ella/usted	**tiene**	*er / sie hat / Sie haben*
nosotros/nosotras	**tenemos**	*wir haben*
vosotros/vosotras	**tenéis**	*ihr habt*
ellos/ellas/ustedes	**tienen**	*sie / Sie haben*

▶ Los números – *Die Zahlen*

0 cero	12 doce	30 treinta
1 uno (un/una)	13 trece	31 treinta y uno
2 dos	14 catorce	32 treinta y dos
3 tres	15 quince	40 cuarenta
4 cuatro	16 dieciséis	50 cincuenta
5 cinco	17 diecisiete	60 sesenta
6 seis	18 dieciocho	70 setenta
7 siete	19 diecinueve	80 ochenta
8 ocho	20 veinte	90 noventa
9 nueve	21 veintiuno	100 cien
10 diez	22 veintidós	200 doscientos
11 once	23 veintitrés	500 quinientos

CONDUCIR EN ESPAÑA

Las normas españolas de circulación se parecen a las alemanas. Pero sí hay alguna diferencia: por ejemplo existe en las autopistas (donde hay que pagar normalmente un peaje) y en las autovías un límite de velocidad de 120 km/h para turismos. Letreros que denominan autopistas son azules, los de las carreteras nacionales rojos y para las comarcales hay que seguir las indicaciones verdes. Como siempre pueden surgir problemas a la hora de estacionar un vehículo. En las poblaciones se pueden ver marcas amarillas y azules en la calzada: las amarillas señalan que aquí está prohibido aparcar, las azules informan que el tiempo de estacionamiento está limitado. ¡Y cuidado con los vados privados que protegen las entradas a garajes!

Cultura

Ein kleiner Tipp für alle (Un-)Fälle: Handelt es sich um einen reinen Blechschaden, brauchen Sie auf die Polizei nicht zu warten. Stattdessen wird ein offizielles Formular (**declaración amistosa**) von beiden Parteien „freundschaftlich" ausgefüllt. Es gehört zur Standardausrüstung eines spanischen PKWs und listet alle relevanten Daten auf: Informationen zu Fahrern und Fahrzeugen, aber auch Zeugendaten (**testigo**) gehören dazu, ebenso wie die Schadensbeschreibung (**daños**) sowie eine Skizze des Unfallhergangs (**croquis**). Grundsätzlich muss es von allen am Unfall beteiligten Parteien unterzeichnet werden. Mit der Unterschrift bestätigt man die Richtigkeit der Angaben, nachträgliche Änderungen können nicht berücksichtigt werden.

En el hotel "Yerma"

Martin: Buenos días. ¿Tienen habitaciones libres?

Recepcionista: Sí, señor. ¿Viaja solo?

Martin: Sí, busco una habitación individual con baño para dos noches. ¿Cuánto cuesta?

Recepcionista: ¿Cuánto tiempo dice que se queda en el hotel? ¿Hasta el 11 de octubre? ¿Sabe que el 12 es festivo? Mire: Tenemos dos habitaciones libres. Cuestan unos 65 euros con desayuno incluido. Pero si quiere, subimos primero.

Martin: Vale. Pero mi coche ...

Recepcionista: No se preocupe por el coche. Informamos al portero. Sígame al ascensor, por favor. ... Ésta habitación está en la primera planta: Ya ve que tiene una vista preciosa a la plaza.

Martin: Sí, pero el ruido ... No sé.

Recepcionista: La segunda habitación está en la tercera planta en la parte trasera. Tiene baño, es tranquila, pero la vista no es muy espectacular.

Martin: Busco algo para dormir y descansar.

Recepcionista: Bien, pues. Tenga la llave. Si quiere subimos su equipaje. Perdón, pero necesito su firma y un documento de identidad ...

B1 Control ✔

Was stimmt? Was stimmt nicht? Machen Sie einen ✔ für richtig.

1. Das Hotel hat noch Einzelzimmer frei.
2. Martin möchte zwei Nächte bleiben.
3. Das Zimmer im dritten Stock geht zum Platz.
4. Er muss zurück zur Rezeption, um sein Gepäck zu holen.

→ Die richtigen Lösungen finden Sie auf Seite 152.

Im Hotel „Yerma"

Martin: Guten Tag. Haben Sie Zimmer frei?

Rezeptionist: Ja, mein Herr. Reisen Sie allein?

Martin: Ja, ich suche ein Einzelzimmer mit Bad für zwei Nächte. Wie viel kostet das Zimmer?

Rezeptionist: Wie lange sagen Sie, bleiben Sie im Hotel? Bis zum 11. Oktober? Wissen Sie, dass der 12. ein Feiertag ist? Sehen Sie: Wir haben zwei freie Zimmer. Sie kosten etwa 65 Euro inklusive Frühstück. Aber wenn Sie möchten, gehen wir erst hoch.

Martin: Gut, aber mein Wagen ...

Rezeptionist: Machen Sie sich wegen des Autos keine Sorgen. Wir informieren den Portier. Folgen Sie mir bitte zum Fahrstuhl. ... Dieses Zimmer ist im 1. Stock: Sie sehen ja, dass es einen wunderschönen Ausblick auf den Platz hat.

Martin: Ja, aber der Lärm ... Ich weiß nicht.

Rezeptionist: Das zweite Zimmer befindet sich im dritten Stock im hinteren Teil. Es hat ein Bad, ist ruhig, aber die Aussicht ist nicht besonders.

Martin: Ich suche etwas zum Schlafen und Ausruhen.

Rezeptionist: Gut dann. Hier der Schlüssel. Wenn Sie möchten, bringen wir Ihr Gepäck hoch. Entschuldigung, aber ich brauche Ihre Unterschrift und einen Ausweis ...

Cultura

Gemessen an mitteleuropäischen Standards fällt ein spanisches Frühstück mager aus: Kaffee (**un café**) und ein Gebäckteilchen (**una pasta**) bzw. ein Toast mit Marmelade (**una tostada con mermelada**). Wenn Sie sich einen opulenteren Start in den Tag wünschen, vergewissern Sie sich, dass es im Hotel ein Frühstücksbüffet gibt.

▶ **Comunicación**

¿Tienen habitaciones libres?
Haben Sie Zimmer frei?
Busco una habitación *individual / con vista a la plaza.*
Ich suche ein Einzelzimmer / Zimmer mit Blick auf den Platz.
Prefiero una habitación con *baño / ducha.*
Ich möchte lieber ein Zimmer mit Bad / Dusche.
¿Cuánto cuesta una habitación *con / sin* desayuno para una noche?
Wie viel kostet ein Zimmer mit / ohne Frühstück für eine Nacht?
Cuesta / Son 65 euros y 50 céntimos.
Es kostet / Das sind 65 Euro und 50 Cent.
El comedor está en la *planta baja / segunda planta.*
Der Speisesaal befindet sich im Erdgeschoss / 2. Stock.
Necesito *su firma / un documento de identidad.*
Ich brauche Ihre Unterschrift / einen Ausweis.
Tenga la llave *de la habitación / del coche.*
Hier der Zimmerschlüssel / Autoschlüssel.

B2 Ejercicio de comunicación

Wie heißen diese Sätze auf Spanisch?
Vorsicht, nicht alle stehen wörtlich im Dialog.

1. Haben Sie ein Zimmer frei für das Wochenende?

   ___

2. Ich möchte das Zimmer zuerst sehen.

   ___

3. Sind die Zimmer ruhig?

   ___

4. Wo muss ich unterschreiben?

   ___

5. Befindet sich der Speisesaal im Erdgeschoss?

___

6. Gibt es einen Fahrstuhl?

___

B3 Ejercicio de vocabulario

Notieren Sie ausführlich die folgenden Feiertage.

Beispiel: *Día de la Hispanidad = 12.10.:*
El doce de octubre es el día de la Hispanidad.

Año Nuevo = 01.01.: ___

Día del Trabajo = 01.05.: ___

Ascensión = 19.03.: ___

Todos los Santos = 01.11.: ___

Día de la Constitución = 06.12.: ___

Navidad = 25.12.: ___

B4 Ejercicio de gramática

Setzen Sie das passende Verb mit der richtigen Endung in die Lücke ein.

dormir • tener • preferir • subir • servir • decidir • hacer • creer

1. El recepcionista y Martin ___ en ascensor.
2. Yo ___ una pensión tranquila.
3. La habitación ___ una vista espectacular.
4. En nuestro hotel no ___ desayuno.
5. "Francisca y Mónica, vosotras ___ en aquella habitación."
6. No lo sé, pero ___ que este modelo cuesta 40 euros.
7. Hay muchos modelos, tú ___
8. El recepcionista ___ una fotocopia del pasaporte.

→ Die richtigen Lösungen finden Sie auf Seite 152.

▶ Verbos en -er e -ir – *Verben auf* -er *und* -ir

Nicht alle Verben enden im Infinitiv auf *-ar*. Andere enden auf *-er* bzw. auf *-ir*.

▶ decidir – *entscheiden*

yo	decid**o**	*ich entscheide*
tú	decid**es**	*du entscheidest*
él/ella/usted	decid**e**	*er/sie entscheidet/ Sie entscheiden*
nosotros/nosotras	decid**imos**	*wir entscheiden*
vosotros/vosotras	decid**ís**	*ihr entscheidet*
ellos/ellas/ustedes	decid**en**	*sie/Sie entscheiden*

▶ creer – *glauben*

yo	cre**o**	*ich glaube*
tú	cre**es**	*du glaubst*
él/ella/usted	cre**e**	*er/sie glaubt /Sie glauben*
nosotros/nosotras	cre**emos**	*wir glauben*
vosotros/vosotras	cre**éis**	*ihr glaubt*
ellos/ellas/ustedes	cre**en**	*sie/Sie glauben*

▶ Los números ordinales – *Die Ordinalzahlen*

Im Spanischen benutzt man die Ordinalzahlen nur bis zehn, danach greift man auf die Kardinalzahlen zurück. Alle Ordnungszahlen haben eine feminine (*-a*) und eine maskuline Endung (*-o*), sie stehen normalerweise vor dem Nomen – *en la segunda planta*. Dabei weisen *primero* und *tercero* eine Besonderheit auf: Hier entfällt das *-o*, wenn ein Nomen folgt – *en el primer hotel*.

1º primer(o)	1ª primera	6º sexto	6ª sexta
2º segundo	2ª segunda	7º séptimo	7ª séptima
3º tercer(o)	3ª tercera	8º octavo	8ª octava
4º cuarto	4ª cuarta	9º noveno	9ª novena
5º quinto	5ª quinta	10º décimo	10ª décima

B5 Ejercicio de revisión

Wie viel kostet es? Schreiben Sie den richtigen Preis auf.
¿Cuánto cuesta ...?

1. hacer una fotocopia: ______ € 0,05,–
2. el servicio de asistencia: ______ € 149,–
3. un aparcamiento: ______ € 3,–
4. un taxi: ______ € 28,–
5. la habitación con desayuno: ______ € 89,–
6. alquilar un coche: ______ € 168,–
7. el billete de avión: ______ € 375,–

Le toca a usted

Schreiben Sie Ihre persönlichen Sätze auf Spanisch auf.
Beantworten Sie folgende Fragen in ganzen Sätzen.

1. ¿Cómo es su nombre y su apellido?

   ______

2. ¿De dónde es usted?

   ______

3. Necesitamos su dirección:

   ______

4. ¿Dónde está expedido su pasaporte?

   ______

5. ¿Hasta qué día es válido?

   ______

6. Y ahora su fecha de nacimiento:

   ______

→ Die richtigen Lösungen finden Sie auf Seite 152.

aire acondicionado, el	*Klimaanlage*
algo	*etwas*
alquilar	*mieten*
apellido, el	*Familienname*
ascensor, el	*Fahrstuhl*
baño, el	*Bad*
coche, el	*Auto*
comedor, el	*Speisesaal*
con	*mit*
conducir	*Auto fahren*
conductor, el	*Autofahrer*
costar	*kosten*
creer	*glauben*
desayuno, el	*Frühstück*
decir	*sagen*
depender	*davon abhängen*
deportivo	*sportlich*
descansar	*ausruhen*
devolver	*zurückgeben*
día, el	*Tag*
dirección, la	*Adresse*
documento, el	*Dokument*
¿dónde?	*Wo?*
dormir	*schlafen*
espectacular	*besonders, spektakulär*
estar bien de precio	*günstig sein*
expedido	*ausgestellt*
fin de semana, el	*Wochenende*
firmar	*unterschreiben*
folleto, el	*Prospekt*
formulario, el	*Formular*
hacer	*machen*
hasta	*bis*
incluido	*inklusive*
libre	*frei*
llave, la	*Schlüssel*
más	*mehr*
modelo, el	*Modell*
montaña, la	*Berg*
noche, la	*Nacht*
nombre, el	*Name*
número, el	*Zahl, Nummer*
oferta, la	*(Sonder-) Angebot*
oficina, la	*Büro*
pasar	*vorbeigehen*
¿por cuánto tiempo?	*Wie lange?*
precio, el	*Preis*
preferir	*vorziehen*
preocuparse	*sich sorgen*
recepcionista, el	*Empfangschef*
rellenar	*ausfüllen*
ruido, el	*Lärm*
seguro, el	*Versicherung*
semana, la	*Woche*
sencillo	*einfach*
ser	*sein*
servir	*servieren*
sin	*ohne*
subir	*hochgehen*
tal vez	*vielleicht*
tener	*haben*
tiempo, el	*Zeit*
tipo, el	*Art, Typ*
válido	*gültig*
viajar	*reisen*
visitar	*besuchen*
vista, la	*Sicht*

Por teléfono ...Unidad 3
Am Telefon

¡Dígame!

¡Hallo!

In dieser Unidad lernen Sie, wie Sie sich am Telefon verständigen.

Grammatik:

Sie lernen, wie man eine Wegbeschreibung macht. Reflexive Verben, Uhrzeit, **levantarse**, Personalpronomen, Präpositionen

Wortfelder:

Telefon, Ortsangaben, Uhrzeit

Wörter aus dieser Unidad, die Sie vielleicht schon gesehen und verstanden haben:
la recepción • la plaza • excelente • el bar • favorito • el número

¿De parte de quién?

Recepcionista: Recepción ¡Dígame!

Martin: Hola, buenos días. Martin Händler de la habitación 312. ¿Qué debo hacer para hacer una llamada urbana?

Recepcionista: Desde la habitación obtiene línea directa con el "0" y entonces marca usted directamente el número que desea. No necesita indicativo.

Martin: Perfecto. Muchas gracias.

Señora: ¡Díga!

Martin: Sí, buenos días. Quisiera hablar con Manuel.

Señora: ¿De parte de quién?

Martin: Martin Händler, soy un amigo de Manuel.

Señora: Oye, lo siento, Manuel no está, pero debe volver pronto, creo que en media hora está de vuelta. Sobre la una y media.

Martin: Dígale a Manuel que Martin Händler está hoy en Málaga en el hotel "Yerma".

Señora: ¿Cómo te llamas?

Martin: Me llamo Martin, vengo de Alemania.

Señora: Martin de Alemania, ¿verdad? Y llamas más tarde, ¿verdad? Hasta luego.

A1 Control ✔

Was stimmt? Was stimmt nicht? Machen Sie einen ✔ für richtig.

1. Martin ruft die Auskunft an.
2. Er kann von seinem Zimmer aus nur intern telefonieren.
3. Er möchte einen Bekannten in Málaga anrufen.
4. Manuel kommt erst später wieder – gegen zwei Uhr.

→ Die richtigen Lösungen finden Sie auf Seite 153.

Wer spricht?

Rezeptionistin: Rezeption, guten Tag!

Martin: Hallo, guten Morgen. Martin Händler von Zimmer 312. Was muss ich tun, um ein Ortsgespräch zu führen?

Rezeptionistin: Vom Zimmer aus bekommen Sie mit der „0" eine Amtsleitung und dann wählen Sie direkt die gewünschte Nummer. Sie brauchen keine Vorwahl.

Martin: Perfekt. Vielen Dank.

Frau: Hallo!

Martin: Ja, guten Morgen. Ich würde gern mit Manuel sprechen.

Frau: Wer spricht?

Martin: Martin Händler, ich bin ein Freund von Manuel.

Frau: Hören Sie, es tut mir Leid, Manuel ist nicht da, aber er muss bald zurückkommen, ich glaube, er ist in etwa einer halben Stunde zurück ist. So gegen halb zwei.

Martin: Sagen Sie Manuel, dass Martin Händler heute in Málaga ist, im Hotel „Yerma".

Frau: Wie heißt du?

Martin: Ich heiße Martin, ich komme aus Deutschland.

Frau: Martin aus Deutschland, nicht wahr? Und du rufst später an, nicht wahr? Bis dann.

Cultura

Am Telefon melden sich Spanier in aller Regel nicht mit Namen, sondern nur mit einem knappen **¡Díga!** Der Anrufer muss sich als erster zu erkennen geben und natürlich nachfragen, ob er den richtigen Teilnehmer erreicht hat. Zum Abschied genügt ein **¡Adiós!** oder auch das etwas lockere **¡Hasta luego!**

▶ **Comunicación**

¡*Dígame* / *Diga*!
Hallo!
Quisiera hablar con Felipe. / *¿Está Carla?*
Ich würde gern mit Felipe sprechen. / Ist Carla da?
¿De parte de quién?
Wer spricht?
¿Cómo *te llamas* / *se llama usted?*
Wie heißt du / heißen Sie?
Me llamo *Martin Händler* / *Juan.*
Ich heiße Martin Händler / Juan.
¿Cuándo *vuelve* / *llama?*
Wann kommt er zurück / ruft er an?
Vuelve *dentro de dos horas* / *sobre la una.*
Er kommt in zwei Stunden / so gegen eins zurück.
¿Dígale / *Podría decirle a Manuel* que Martin está en Málaga?
Sagen Sie ihm / Könnten Sie Manuel sagen, dass Martin in Málaga ist.

A2 Ejercicio de comunicación

Ergänzen Sie folgende Aussagen.
Vorsicht, nicht alle stehen wörtlich im Dialog.

1. Quiero hacer una llamada ____________
2. ¿Necesito un ____________ para hacer una llamada?
3. Hola, ____________ hablar con Roberto.
4. ¿De ____________ de ____________?
5. ¿Puede ____________ más tarde?
6. ¿ ____________ vuelve? ____________ que Manolo está en Granada.

A3 Ejercicio de vocabulario

Finden Sie sieben Begriffe rund ums Telefonieren.

C	U	P	S	M	A	E	T	Q	T
Q	I	V	U	R	U	E	L	F	E
K	E	A	N	M	D	G	F	J	L
L	L	A	M	A	D	A	B	L	E
S	I	Y	P	R	N	K	D	Z	F
I	N	D	I	C	A	T	I	V	O
B	E	V	U	A	P	V	R	L	N
T	A	M	C	R	R	X	E	D	O
P	A	A	R	R	V	U	C	J	P
K	E	A	N	A	D	G	T	L	G
C	J	N	U	M	E	R	O	N	O

Anruf
wählen
Leitung
direkt
Telefon
Vorwahl
Nummer

A4 Ejercicio de gramática

¿Qué hora es? Schreiben Sie die Uhrzeiten aus.

1. 22:00 Uhr: ______________________
2. 07:30 Uhr: ______________________
3. 15:45 Uhr: ______________________
4. 13:10 Uhr: ______________________
5. 12:15 Uhr: ______________________
6. 19:35 Uhr: ______________________

→ Die richtigen Lösungen finden Sie auf Seite 153.

▶ La hora – *Die Uhrzeit*

¿Qué hora es?	*Wie spät ist es?*
Es la una.	*Es ist ein Uhr.*
Son las dos.	*Es ist zwei Uhr.*
Son las tres y cuarto.	*Es ist Viertel nach drei.*
Son las cuatro y media.	*Es ist halb fünf.*
Son las cinco menos cuarto.	*Es ist Viertel vor fünf.*
¿A qué hora?	*Um wie viel Uhr?*
A la una.	*Um eins.*
A las doce.	*Um zwölf.*

In der spanischen Umgangssprache wird in der Regel das 12-Stunden-System benutzt. Als Hinweis, ob es sich um 04:00 Uhr oder 16:00 Uhr handelt, dienen folgende Angaben:

de la mañana	*vormittags*
de la tarde	*nachmittags / abends*
de la noche	*nachts*

Analog dazu werden auch die Grußformeln gebildet:

¡Buenos días!	*Guten Morgen / Tag!*	→ *am Vormittag*
¡Buenas tardes!	*Guten Abend / Tag!*	→ *am Nachmittag / frühen Abend*
¡Buenas noches!	*Gute Nacht!*	→ *zur Nacht*

▶ Verbos reflexivos – *Reflexive Verben*

Die reflexiven Verben werden von Pronomen begleitet, welche bei finiten Formen vor dem Verb, im Infinitiv und bei Befehlsformen dahinter stehen.

▶ levantarse – *aufstehen*

yo	**me** levanto	*ich stehe auf*
tú	**te** levantas	*du stehst auf*
él/ella/usted	**se** levanta	*er / sie steht / Sie stehen auf*
nosotros/nosotras	**nos** levantamos	*wir stehen auf*
vosotros/vosotras	**os** levantáis	*ihr steht auf*
ellos/ellas/ustedes	**se** levantan	*sie / Sie stehen auf*

INSTRUCCIONES DE UNA CABINA TELEFÓNICA

Cabinas telefónicas se encuentran en todas las plazas y en todos puntos de paso importantes de una ciudad. Normalmente funcionan con monedas, con tarjetas telefónicas y también con una tarjeta de crédito. Para llamar sólo debe seguir las instrucciones en la pantalla del teléfono: Si pulsa la tecla "L" de su teléfono puede cambiar el idioma para obtener las instrucciones en alemán.

Para llamadas internacionales debe marcar el prefijo internacional "00". Espere un momento hasta oir un tono agudo. Ahora puede marcar el indicativo del país – para Alemania el "49", para Austria el "43", para Suiza el "41". Entonces marca el indicativo de la población (menos el cero del prefijo) y el número del abonado con el que desea hablar.

Cultura

Telefonzellen sind auch im Handyzeitalter nicht schwer zu finden, sie funktionieren in der Regel sowohl mit Münzen als auch mit Telefonkarten – **la tarjeta telefónica**. Telefonkarten kann man bei der Post, in einem der staatlich autorisierten Tabakläden – **el estanco** – oder an einem Zeitungskiosk – **el kiosko** – kaufen. Achten Sie beim Kauf darauf, dass die Karten noch eingeschweißt sind.

¡Díga!

Manuel: ¡Díga!
Martin: ¿Manuel? Soy Martin Händler de Stuttgart.
Manuel: ¡Hola Martin! ¿Qué tal? ¿De dónde llamas?
Martin: Estoy aquí en Málaga, en el hotel "Yerma"...
Manuel: ¡No me digas! ¡Qué bien! Oye, Martin, ¿cuánto tiempo estás en Málaga?
Martin: Sólo tres días.
Manuel: Vaya, hombre, ¿qué te parece si salimos juntos a tomar unas copas y a cenar esta noche? "El Pepe" es mi bar favorito en la plaza menor porque sus vinos son excelentes.
Martin: ¿Dónde está la plaza menor?
Manuel: A ver: tu hotel está en la calle García Lorca. Sigues por la calle García Lorca hasta la esquina donde está la oficina de correos y enfrente ves una parada de taxis. Giras a la derecha y sigues recto hasta el segundo semáforo. A la izquierda hay un parque, y debes cruzar un puente pequeñito. En el semáforo giras a mano izquierda, es la segunda calle, la del medio. Continuas recto unos 100 metros y ya llegas a la plaza menor. El bar está a mano derecha.

B1 Control ✔

Was stimmt? Was stimmt nicht? Machen Sie einen ✔ für richtig.

1. Manuel kann sich nicht mehr an Martin erinnern.
2. Die beiden verabreden sich zum Abendessen.
3. Die Kneipe ist in der Nähe des Hotels.
4. Dort gibt es besonders guten Schinken.

 → Die richtigen Lösungen finden Sie auf Seite 153.

Hallo!

Manuel: Hallo!

Martin: Manuel? Ich bin Martin Händler aus Stuttgart.

Manuel: Hallo Martin! Wie geht's? Von wo rufst du an?

Martin: Ich bin hier in Málaga, im Hotel „Yerma"...

Manuel: Was du nicht sagst! Toll! Hör mal, Martin. Wie lange bist du in Málaga?

Martin: Nur drei Tage.

Manuel: Oh, Mann! Was hältst du davon, wenn wir zusammen etwas trinken gehen und heute zu Abend essen? Das „El Pepe" auf der Plaza Menor ist meine Lieblingskneipe, weil ihre Weine ausgezeichnet sind.

Martin: Wo ist die Plaza Menor?

Manuel: Mal sehen: Dein Hotel ist in der García Lorca-Straße. Du gehst die García Lorca-Straße geradeaus bis zur Ecke, wo das Postamt ist, und gegenüber siehst du einen Taxistand. Du biegst rechts ab und gehst geradeaus bis zur zweiten Ampel. Auf der linken Seite gibt es einen Park und du musst eine kleine Brücke überqueren. An der Ampel biegst du nach links ab, es ist die zweite Straße, die mittlere. Geh ca. 100 Meter geradeaus und dann kommst du auch schon zur Plaza Menor. Die Kneipe ist auf der rechten Seite.

Cultura

Der Tagesablauf ist in Spanien etwas anders: Zu Mittag isst man zwischen 13:30 und 15:00 Uhr und zu Abend gegen 21:00 Uhr. Üblicherweise geht man aber vorher und nachher gerne noch auf einen Sprung in eine Kneipe – **un bar**. Überhaupt findet die spanische Geselligkeit meist in der Öffentlichkeit statt. Einladungen nach Hause sind viel seltener und haben daher einen besonderen Stellenwert.

▶ Comunicación

¿Qué tal / Cómo estás?
Wie geht's / Wie geht es dir?
Muy bien, gracias / Como siempre.
Sehr gut, danke / Wie immer.
¿Qué te parece si *salimos / cenamos* juntos?
Was hältst du davon, wenn wir zusammen weggehen / zu Abend essen.
¿Dónde está *la plaza menor / el parque Picasso*?
Wo befindet sich die Plaza Menor / der Picasso-Park?
Debe girar a la *derecha / izquierda.*
Sie müssen nach rechts / links abbiegen.
Siga *recto / todo recto* hasta el semáforo.
Gehen Sie geradeaus / immer geradeaus weiter bis zur Ampel.
Correos está a mano *izquierda / derecha.*
Die Post ist auf der linken / rechten Seite.
Debe cruzar un puente pequeñito.
Sie müssen eine kleine Brücke überqueren.

B2 Ejercicio de comunicación

Sagen Sie es auf Spanisch.
Vorsicht, nicht alle Sätze stehen wörtlich im Dialog.

1. Wo ist das Postamt?

___

2. Gibt es hier eine Kneipe?

___

3. Muss ich an der Ampel links oder rechts abbiegen?

___

4. Sie müssen geradeaus weitergehen bis zum Hotel „Córdoba".

____

5. An der vierten Ampel müsst ihr nach rechts gehen.

____

B3 Ejercicio de vocabulario

Ordnen Sie die Buchstaben und ergänzen Sie den Artikel und den Plural.

OPAC: ________________________________

MAFOSERO: ____________________________

NOAM: ________________________________

ETENPU: ______________________________

QUISNEA: _____________________________

QUEPAR: ______________________________

INOV: ________________________________

POETIM: ______________________________

B4 Ejercicio de gramática

Was passt? Streichen Sie die falsche Variante.

1. El bar está *enfrente del / en el* centro.
2. Correos está *al lado del / por el* parque Picasso.
3. Sigues *por / delante de* la calle Rembrandt.
4. Sube *a / en* la segunda planta.

Setzen Sie die richtige Form des reflexiven Verbs ein.

5. (yo) ________________ (levantarse) siempre a las siete.
6. ¿Y vosotras? ¿Cómo ____________________ (llamarse)?
7. Martin ¿cuántos días ___________ (quedarse) en Málaga?
8. ¿(nosotros) __________________ (verse) en el aeropuerto?

→ Die richtigen Lösungen finden Sie auf Seite 153.

▶ Preposiciones – *Präpositionen*

Die Präpositionen *a* und *de* werden in Verbindung mit dem Artikel *el* zu *al* bzw. *del*:

a + el → al
de + el → del

Diese Regel gilt auch bei anderen Präpositionen:

en la calle	*in der Straße*
al lado de la parada de taxi	*neben dem Taxistand*
enfrente de la oficina	*gegenüber dem Büro*
detrás del hotel	*hinter dem Hotel*
delante de la taquilla	*vor dem Schalter*
encima del coche	*auf dem Auto*
debajo de la ducha	*unter der Dusche*
dentro de la habitación	*im Zimmer*

▶ Pronombres personales – *Personalpronomen*

Im Spanischen unterscheidet man in der 3. Person nicht zwischen weiblichen und männlichen Personalpronomen. Präzisiert wird lediglich mit Hilfe der Information *de él* – von ihm bzw. *de ella* – von ihr.

Es **mi** nombre.	*Das ist mein Name.*
Es **tu** dirección.	*Das ist deine Adresse.*
Es **su** coche.	*Das ist sein / ihr / Ihr Wagen.*
Es **nuestro** apellido.	*Das ist unser Familienname.*
Es **vuestra** oficina.	*Das ist euer Büro.*
Es **su** modelo.	*Das ist ihr / Ihr Modell.*

Die Formen der 1. und 2. Person Plural können am Ende ein *-o* bzw. *-a* haben, je nachdem, ob sie ein feminines oder maskulines Nomen begleiten. Im Plural erhalten alle Pronomen ein *-s*:

Son **nuestras** maletas.	*Das sind unsere Koffer.*
Son **mis** documentos.	*Das sind meine Papiere.*

B5 Ejercicio de revisión

Schreiben Sie, möglichst ohne nachzuschlagen, diese schwierigen Vokabeln und Ausdrücke auf.

1. euer Tabakladen: ______
2. deine Telefonnummer: ______
3. unsere Vorwahl: ______
4. seine Kreditkarte: ______
5. Ihre Anweisungen: ______
6. eure Lieblingskneipe: ______
7. ihre Sprache: ______
8. meine Telefonkarte: ______
9. Ihre Geldstücke: ______
10. sein Display: ______

Le toca a usted

Schreiben Sie Ihre persönlichen Sätze auf Spanisch auf. Beantworten Sie die folgenden Fragen in ganzen Sätzen.
Haben Sie eine Lieblingskneipe? Wenn ja, wie heißt sie?

______

Haben Sie Freunde in Spanien? Wo wohnen sie?

______

Um wie viel Uhr kommen Sie in der Regel von der Arbeit nach Hause?

______

Wann essen Sie normalerweise zu Mittag und wann zu Abend?

______

→ Die richtigen Lösungen finden Sie auf Seite 153.

al lado de	*neben*
amigo, el	*Freund*
bar, el	*Kneipe*
¡buenas tardes!	*Guten Tag!*
cenar	*zu Abend essen*
continuar	*weitermachen*
Correos	*Postamt*
cruzar	*kreuzen, überqueren*
¿cuándo?	*Wann?*
¿cuánto?	*Wie viel?*
de	*von*
deber	*müssen*
decir	*sagen*
delante de	*vor*
derecha	*rechts*
desear	*wünschen*
enfrente	*gegenüber*
entonces	*dann*
esquina, la	*Ecke*
estar de vuelta	*zurück sein*
excelente	*ausgezeichnet*
girar	*(ab-)biegen*
hablar	*sprechen*
hora, la	*Stunde*
hoy	*heute*
indicativo, el	*Vorwahl*
izquierda	*links*
junto	*zusammen*
levantarse	*aufstehen*
línea, la	*Verbindung*
llamada, la	*Anruf*
llamar	*anrufen*
llamarse	*heißen*
llegar	*(an-) kommen*
mano, la	*Hand*
marcar	*wählen*
medio	*halb*
minuto, el	*Minute*
mucho	*viel*
parecer	*finden, halten von*
parque, el	*Park*
pequeño	*klein*
poder	*können*
pronto	*bald*
puente, el	*Brücke*
¿qué tal?	*Wie geht's?*
que	*dass, das*
¿quién?	*Wer?*
recepción, la	*Rezeption*
recto	*gerade(-aus)*
salir	*weggehen, ausgehen*
seguir	*weiter gehen*
semáforo, el	*Ampel*
sentirlo	*es bedauern*
tarjeta telefónica, la	*Telefonkarte*
tomar unas copas	*etwas trinken*
urbano	*städtisch*
ver	*sehen*
¿verdad?	*Nicht wahr?*
vino, el	*Wein*
volver	*zurück-kommen*
y	*und*

Por la noche
Abends

In dieser Unidad lernen Sie, wie Sie etwas zu Essen und zu Trinken bestellen.

La Pa Appetithäppchen

Grammatik:

Sie lernen, wie Sie über Dinge sprechen, die sich in Ihrer unmittelbaren Umgebung befinden.
Adjektive, **querer**, Demonstrativpronomen, Imperativ

Wortfelder:

Restaurant, Kneipe, Essen, Trinken

Wörter aus dieser Unidad, die Sie vielleicht schon gesehen und verstanden haben:
el queso • la croqueta • la carta • La Rioja • el restaurante

Ir de copas

Manuel: ¡Martin, qué alegría! ¿Cómo estás? ¡Cuánto tiempo sin verte! ¿Qué haces aquí en Málaga?

Martin: Hago un curso de español.

Manuel: ¿Para qué? Si ya hablas bien ...

Martin: No, hago muchas faltas tontas ...

Manuel: ¡Qué va! ¿Qué tomas? ¿Empezamos por un jerez seco y unas tapitas?

Martin: Vale. Oye, ¿qué es eso?

Manuel: Son taquitos de jamón ...

Martin: No, lo de al lado.

Manuel: Croquetas. ¿Quieres probarlas?

Martin: Claro que sí.

Manuel: Entonces pedimos una tapa de croquetas calientes ... Oye, Martin, mira, tienen dos clases: croquetas de pollo y de queso, ¿cuál de ellas prefieres?

Martin: Las de queso.

Manuel: Las de queso, vale. Entonces pido también unos taquitos de jamón ibérico, almendras saladas y también unas aceitunas para acompañar el jerez.

A1 Control ✔

Was stimmt? Was stimmt nicht? Machen Sie einen ✔ für richtig.

1. Manuel freut sich sehr über das Wiedersehen mit Martin.
2. Martin besucht einen Sprachkurs.
3. Die beiden trinken Bier und essen dazu Schinkenwürfel.
4. Martin möchte gerne die Käsekroketten probieren.

→ Die richtigen Lösungen finden Sie auf Seite 154.

Etwas trinken gehen

Manuel: Martin, was für eine Freude! Wie geht es dir? Wir haben uns lange nicht gesehen! Was machst du hier in Málaga?

Martin: Ich mache einen Spanischkurs.

Manuel: Wozu? Du sprichst doch schon so gut ...

Martin: Nein, ich mache viele blöde Fehler ...

Manuel: Ach was! Was nimmst du? Fangen wir mit einem trockenen Sherry und ein paar Appetithäppchen an?

Martin: Einverstanden. Sag mal, was ist das?

Manuel: Das sind Schinkenwürfel ...

Martin: Nein, das daneben.

Manuel: Kroketten. Möchtest du sie probieren?

Martin: Na klar.

Manuel: Dann bestellen wir eine Probierportion heiße Kroketten ... Du, Martin, guck mal: Sie haben zwei Sorten: Hähnchen- und Käsekroketten. Welche möchtest du lieber?

Martin: Die mit Käse.

Manuel: Die mit Käse, gut. Dann bestelle ich noch ein paar iberische Schinkenwürfel, gesalzene Mandeln und auch ein paar Oliven zum Sherry.

Cultura

El bar – das ist nicht nur eine Kneipe, sondern ein Treffpunkt für Jung und Alt. Hier trifft man sich zum Frühstück, auf einen schnellen Kaffee zwischendurch oder einfach um ein Glaß in Gesellschaft zu trinken. Jeder Ort und jeder Wirt hat seine Spezialitäten und Hausrezepte. Es gehört in einer spanischen Kneipe einfach dazu, zum Getränk eine kleine Probierportion – **la tapa** – zu reichen. Haben Sie Hunger nach mehr, dann bestellen Sie eine ganze Portion – **la ración**.

▶ Comunicación

¿Qué *haces / hacéis* aquí?
Was machst du / macht ihr hier?

¡Qué va! / ¿Para qué?
Ach was! Wozu?

¿Qué *tomas / toma usted*?
Was nimmst du / nehmen Sie?

¿Qué es *eso / esto*?
Was ist das?

Esos son *taquitos de jamón / almendras saladas.*
Das sind Schinkenwürfel / gesalzene Mandeln.

¿Cuál *prefieres / prefiere usted*?
Welche möchtest du / möchten Sie lieber?

¿Quieres *probarlas / probarlo*?
Möchtest du sie / es probieren?

Quiero una *tapa / ración* de jamón.
Ich möchte eine Probierportion / Portion Schinken.

A2 Ejercicio de comunicación

Sagen Sie es auf Spanisch.
Vorsicht, nicht alle Sätze stehen wörtlich im Dialog.

1. Ich nehme eine Portion Oliven.

____

2. Was machen Sie hier in Andalusien?

____

3. Was nehmt ihr?

____

4. Möchtest du mal probieren?

____

5. Wir machen hier einen Sprachkurs.

____

6. Dann bestelle ich beide Sorten.

____

A3 Ejercicio de vocabulario

Finden Sie aus den Silben die gesuchten Begriffe.

QUE • A • PO • QUE • TO • TA • MAR • SO • JA • CRO • CEI • PA • TU • LLO • NAS • TAS • MON

1. ¿Qué queréis ________________ ?
2. ¿Es ________________ ibérico?
3. Quiero unas ____________ de ____________________
4. Ramón prefiere croquetas de _______________
5. Marta quiere una ______________ caliente.
6. Entonces pedimos una tapa de ____________________

A4 Ejercicio de gramática

Ergänzen Sie die richtigen Endungen.

1. Es _______ jamón de ahí es muy buen ______________
2. Las croquetas calient ________ son aquel ______ de allí.
3. Las almendras salad __________ son excelent ________
4. Est _______ bar es pequeñit _________, ¿verdad?
5. Prefiero el jerez sec ___________
6. No tenemos jamón ibéric _____________

4

→ Die richtigen Lösungen finden Sie auf Seite 154.

▶ Adjetivos – *Adjektive*

Im Spanischen stehen Adjektive normalerweise hinter dem Nomen, ihre Endungen stimmen in Numerus und Genus überein.

el jamón ibéric**o**	*der Landschinken*
la tapa frí**a**	*das kalte Appetithäppchen*
los bares pequeñit**os**	*die kleinen Kneipen*
las almendras salad**as**	*die gesalzenen Mandeln*

Beachten Sie, dass Adjektive mit anderen Endungen keine unterschiedlichen Formen für Maskulinum und Femininum haben:

la habitación individua**l**	*das Einzelzimmer*

▶ querer – *wollen*

yo	quier**o**	*ich will*
tú	quier**es**	*du willst*
él/ella/usted	quier**e**	*er / sie will / Sie wollen*
nosotros/nosotras	quer**emos**	*wir wollen*
vosotros/vosotras	quer**éis**	*ihr wollt*
ellos/ellas/ustedes	quier**en**	*sie / Sie wollen*

▶ Pronombres demostrativos – *Demonstrativpronomen*

Im Spanischen unterscheidet man drei Entfernungen, wenn man über Dinge spricht, die sich in der unmittelbaren Umgebung befinden.

	nah beim Sprecher		*nah beim Angesprochenen*		*weiter entfernt*	
Wo?	aquí		ahí		allí	
Welcher? (Sg./Pl.)	este	estos	ese	esos	aquel	aquellos
Welche? (Sg./Pl.)	esta	estas	esa	esas	aquella	aquellas

„Diese Kneipe hier" ist im Spanischen *este bar de aquí.*

MENÚ

ENTRANTES
Ensalada de marisco
Espárragos
Entremeses variados
Caracoles

SOPAS
Gazpacho andaluz
Consomé
Sopa de pescado

PASTA
Macarrones
Espaguetís
Canelones

PESCADO Y MARISCO
Almejas a la marinera
Atún a la plancha
Parrillada de sardinas
Langosta

CARNES
Bistec de ternera
Filete de cerdo
Costillas de cordero asado

VERDURAS
Calabacines rellenos
Berenjenas
Alcachofas
Habas

POSTRES
Flan
Helado de vainilla, fresa y chocolate
Tarta de manzana

MENÚ DEL DÍA
1º ensalada de tomate o pimientos asasdos
2º pechuga de pollo o bacalao a la vizcaína
postre: fruta del tiempo

Todos los platos de carne y pescado se sirven con guarnición y pan.

Cultura

Die spanische Küche ist regional sehr unterschiedlich. Achten Sie auf die Empfehlungen der Küche, auf das Essen am Nachbartisch und probieren Sie ruhig einmal etwas Neues aus. Die üblichen Zubereitungsarten sind **frito** (frittiert), **asado** (gebraten), **estofado** (geschmort), **hervido** (gekocht), **a la plancha** (in der Pfanne gebraten), **al horno** (im Backofen gegrillt). Na dann: Guten Appetit! – **¡Qué aproveche!**

En el restaurante

Manuel: ¡Buenas tardes! Tenemos una reserva a nombre de Guillén.

Camarera: ¡Síganme, caballeros, por favor! ... Ésta es su mesa. Tengan la carta. Hoy les recomiendo el lenguado a la plancha.

Manuel: ¡Martin! ¿Qué te parece una ensalada de marisco de primer plato o prefieres unos tallarines con gambas? Aquí los hacen bien ricos.

Martin: Una idea deliciosa – los tallarines, digo. Y de segundo ... el lenguado – ¿y tú, qué tomas?

Manuel: A mí, se me hace la boca agua con el conejo a la brasa. Y para empezar un gazpacho. Es que tengo más sed que hambre. ¡Camarera!

Camarera: ¿Qué desean tomar, caballeros?

Manuel: Tráiganos de primero unos tallarines y un gazpacho, y de segundo conejo a la brasa y el lenguado. Y para beber vino tinto y agua.

Camarera: ¿Quieren el vino de la casa?

Manuel: Una botella de éste vino de La Rioja.

Manuel: ¿Qué tal están los tallarines.

Martin: Muy buenos. ¿Y el gazpacho?

Manuel: Tal y como a mí me gusta. ¡Bien frío!

B1 Control ✔

Was stimmt? Was stimmt nicht? Machen Sie einen ✔ für richtig.

1. Die Kellnerin führt die beiden zu ihrem reservierten Tisch.
2. Die Kellnerin empfiehlt ihnen Muscheln.
3. Die beiden essen nur einen Gang, weil sie nicht besonders hungrig sind.
4. Manuel bestellt beim Kellner eine Flasche Rotwein.

→ Die richtigen Lösungen finden Sie auf Seite 154.

Im Restaurant

Manuel: Guten Abend! Wir haben eine Reservierung auf den Namen Guillén.

Kellnerin: Folgen Sie mir bitte, meine Herren! ... Dies ist Ihr Tisch. Bitte sehr die Speisekarte. Heute empfehle ich Ihnen die gebratene Seezunge.

Manuel: Martin! Was hältst du von einem Meeresfrüchtesalat als ersten Gang oder ziehst du Bandnudeln mit Krabben vor? Sie machen sie hier sehr lecker!

Martin: Eine köstliche Idee – die Bandnudeln meine ich. Und als zweiten Gang ... die Seezunge, und was nimmst du?

Manuel: Mir läuft bei dem gegrillten Kaninchen das Wasser im Mund zusammen. Und zu Anfang einen Gazpacho. Ich habe nämlich mehr Durst als Hunger. Kellnerin!

Kellnerin: Was möchten die Herren bestellen?

Manuel: Bringen Sie uns als ersten Gang die Bandnudeln und einen Gazpacho und als zweiten Gang das Kaninchen vom Grill und die Seezunge. Und zu trinken Rotwein und Wasser.

Kellnerin: Möchten Sie den Hauswein?

Manuel: Eine Flasche von diesem La Rioja-Wein.

Manuel: Wie sind die Bandnudeln?

Martin: Sehr gut. Und der Gazpacho?

Manuel: Genau so, wie ich ihn mag. Schön kalt!

Cultura

Wasser wird normalerweise als stilles Wasser getrunken – **agua sin gas**, möchten Sie auf Kohlensäure nicht verzichten, bestellen Sie **agua con gas**.
Zum Abschluss eines jeden Essen bitten Sie um die Rechnung – **¡La cuenta, por favor!**, wobei eine gemeinsame Rechnung üblich ist. Getrenntes Abrechnen wirkt kleinlich.

▶ Comunicación

Tenemos una reserva a nombre de *Guillén / Müller.*

Wir haben eine Reservierung auf den Namen Guillén/Müller.

Tenga la *carta / carta de vinos.*

Bitte sehr, die Karte / Weinkarte.

¿Qué desea *de primer plato / tomar*?

Was möchten Sie als ersten Gang / essen?

¿Qué puede *recomendarme / recomendarnos*?

Was können Sie mir / uns empfehlen?

Tráigame / Tráiganos un gazpacho y el lenguado.

Bringen Sie mir / uns einen Gazpacho und die Seezunge.

Tengo *sed / hambre.*

Ich habe Durst / Hunger.

¿Qué *quieres / quieren* beber?

Was willst du / wollen Sie trinken?

Una botella de *vino tinto / agua con gas.*

Eine Flasche Rotwein / Wasser mit Kohlensäure.

B2 Ejercicio de comunicación

Bringen Sie die Wörter in die richtige Reihenfolge.

PUEDE – GAMBAS – RECOMENDAR – ME – LAS

____

NOMBRE – A – DE – UNA – TENGO – GUZMÁN –
RESERVADA – MESA ________________________

____

TAL – EL – ESTÁ – QUÉ – GAZPACHO

____

DE – MARISCO – DELICIOSA – ESTÁ – ENSALADA – ESTA

____

VINO – LA – POR – CASA – EL – TRÁIGAME – FAVOR – DE

____

B3 Ejercicio de vocabulario

Suchen Sie 10 Begriffe in dieser Buchstabensuppe.

X	K	O	P	V	S	I	E	F	L	J	H	U	P
H	M	B	L	A	D	L	L	C	A	S	D	F	O
U	C	H	A	M	B	R	E	U	G	H	K	L	M
H	A	K	T	R	W	D	N	S	T	K	Y	U	A
R	I	C	O	I	J	Q	G	A	B	H	F	Q	R
H	R	F	E	C	O	P	U	O	C	M	J	G	I
E	N	S	A	L	A	D	A	E	A	R	K	A	S
J	Q	E	H	Y	E	K	D	H	R	U	I	W	C
O	J	D	K	V	I	N	O	N	T	I	N	T	O
I	L	E	B	P	U	M	V	A	A	O	C	N	W
B	O	T	E	L	L	A	F	K	X	R	E	T	H

B4 Ejercico de gramática

Ergänzen Sie die richtigen Endungen.

1. ¡Tráig ______ la carta, camarero!
2. ¡María y José, mir ________ la carta de vinos!
3. ¡Carla, levant ________ de la mesa y sub ___________ a la habitación!
4. ¡Decid _______ tú!
5. Si buscan un restaurante, pregunt _________ en recepción.
6. ¡Ped _________ unas tapas, Susana, Miriam!

→ Die richtigen Lösungen finden Sie auf Seite 154.

▶ Imperativo – *Imperativ*

Die folgenden Endungen sind die der 2. Personen Singular und Plural in ihrer höflichen (*usted / ustedes*) und der vertrauten Form (*du / ihr*)

tom**ar**: (yo) tomo	→	¡Tom**e** unas aceitunas!	*Nehmen Sie Oliven!*
		¡Tom**a** queso!	*Nimm Käse!*
entr**ar**: (yo) entro	→	¡Entr**en** al bar!	*Gehen Sie in die Kneipe hinein!*
		¡Entr**ad** a la habitación!	*Geht ins Zimmer hinein!*
beb**er**: (yo) bebo	→	¡No beb**a** agua!	*Trinken Sie kein Wasser!*
		¡Beb**e** vino!	*Trink Wein!*
ped**ir**: (yo) pido	→	¡Pid**an** una botella!	*Bestellen Sie eine Flasche!*
		¡Ped**id** algo de beber!	*Bestellt irgendwas zu trinken!*

Ausgangspunkt für die Bildung der Imperativformen ist die 1. Person Singular. An ihren Stamm werden die Endungen angehängt. Nur für die Formen von *vosotros* benutzt man den Infinitivstamm mit der Endung *-ad* bzw. *-id*. Bei den reflexiven Verben werden die Pronomen einfach angehängt:

llevarse: (yo) me llevo	→	¡Llév**ese** esas botellas!	*Nehmen Sie diese Flaschen mit!*
dejarse: (yo) me dejo	→	¡Déj**ate** recomendar algo!	*Lass dir etwas empfehlen!*
ponerse: (yo) me pongo	→	¡Póng**anse** más ensalada!	*Nehmen Sie sich mehr Salat!*
hacerse: (yo) me hago	→	¡Hac**eos** un café!	*Macht euch Kaffee!*

B5 Ejercicio de revisión

Schreiben Sie, möglichst ohne nachzuschlagen, diese schwierigeren Vokabeln und Ausdrücke auf.

1. der Kellner ____________
2. der Nachtisch ____________
3. gebraten ____________
4. Guten Appetit! ____________
5. das Vanilleeis ____________
6. die Reservierung ____________
7. der trockene Sherry ____________
8. die Rechnung ____________
9. köstlich ____________
10. das Tagesmenü ____________

Le toca a usted

Schreiben Sie Ihre persönlichen Sätze auf Spanisch auf. Beantworten Sie folgende Fragen in ganzen Sätzen.

Essen Sie lieber Fleisch oder Fisch?

Prefiero comer ____________

____

Wie essen Sie Ihren Fisch / Ihr Fleisch am liebsten? Gegrillt, frittiert oder gekocht?

____

Mögen Sie die Rotweine aus der Region *La Rioja*?

____

Trinken Sie Mineralwasser mit oder ohne Kohlensäure?

____

Möchten Sie mal einen Sprachkurs in Andalusien machen?

____

→ Die richtigen Lösungen finden Sie auf Seite 154.

aceituna, la	*Olive*
agua, el	*Wasser*
alegría, la	*Freude*
almendra, la	*Mandel*
asado	*gebraten*
ave, el	*Geflügel*
beber	*trinken*
botella, la	*Flasche*
café, el	*Kaffee*
caliente	*warm*
camarero, el	*Kellner*
carne, la	*Fleisch*
carta, la	*(Speise-)Karte*
clase, la	*Art*
¿cómo?	*Wie?*
cuenta, la	*Rechnung*
curso, el	*Kurs*
dejarse	*lassen*
delicioso	*köstlich*
entrante, el	*Vorspeise*
entrar	*hineingehen*
este	*dieser*
estofado	*geschmort*
falta, la	*Fehler*
fresco	*frisch*
frito	*frittiert*
gas, el	*Kohlensäure*
hambre, el	*Hunger*
helado, el	*Eis*
hervido	*gekocht*
jamón, el	*Schinken*
lo	*das*
marisco, el	*Meeresfrüchte*
menú, el	*Menü*
mesa, la	*Tisch*

pasta, la	*Nudeln, Teigwaren*
pedir	*bestellen*
pescado, el	*Fisch*
plato, el	*Teller, Gang*
pollo, el	*Hühnchen, Hähnchen*
ponerse	*sich nehmen*
postre, el	*Nachtisch*
probar	*versuchen, probieren*
querer	*wollen*
queso, el	*Käse*
ración, la	*Portion*
recomendar	*empfehlen*
restaurante, el	*Restaurant*
rico	*lecker*
salado	*salzig*
seco	*trocken*
sed, la	*Durst*
sopa, la	*Suppe*
también	*auch*
tapa, la	*Appetithäppchen*
taquito, el	*Würfelchen*
tomar	*nehmen, trinken*
tonto	*dumm*
verdura, la	*Gemüse*
verse	*sich sehen, sich treffen*
vino de la casa, el	*Hauswein*

propósito
Vorhersage

In dieser Unidad lernen Sie, wie Sie sich nach dem Wetter erkundigen.

Grammatik:

Sie lernen, wie man über seine Hobbys spricht. Himmelsrichtungen, **ir**, nahe Zukunft, Personalpronomen, **poder**, **saber,** Wochentage

Wortfelder:

Freizeit, Wetter, Hobbys

Wörter aus dieser Unidad, die Sie vielleicht schon gesehen und verstanden haben:
la zona • la temperatura • la discoteca • el monumento • positivo

El tiempo

Locutor: ... Y a continuación el tiempo: El prognóstico para esta noche y el fin de semana parece ser más bien positivo, ¿no es así, Charo?

Locutora: Efectivamente, así es, Carlos. El tiempo relativamente inestable de ayer y hoy con lluvias y chubascos en algunas zonas montañosas del interior sigue su rumbo hacia el noreste, hacia la costa mediterránea de Francia. Desde el sur soplan unos vientos moderados, con cielos claros. Así que durante el día va a hacer sol, y las temperaturas van a subir a unos veinticuatro grados. Aún quedan algunas nubes tormentosas en la zona norte de la Península, pero en general vamos a poder disfrutar de un fin de semana soleado. ¡Pásenlo bien y disfrútenlo!

Martin: ¡Traduce, Manuel! ¿Qué tiempo va a hacer? ¿Vamos a necesitar un paraguas?

Manuel: Mañana va hacer buen tiempo, no va a llover, va a hacer calor, pero no demasiado. Va a soplar un poco de viento y las nuves de lluvia de esta semana se van a Francia. ¿Qué te parece?

A1 Control ✔

Was stimmt? Was stimmt nicht? Machen Sie einen ✔ für richtig.

1. Der Wetterbericht gilt nur für die kommende Nacht.
2. In den letzten Tagen hat es geregnet.
3. Das Wetter wird zum Wochenende besonders schön.
4. Die Tageshöchsttemperaturen liegen über dreißig Grad.

→ Die richtigen Lösungen finden Sie auf Seite 155.

Das Wetter

Sprecher: ... Und im Anschluss das Wetter: Die Vorhersage für diese Nacht und das Wochenende scheint eher günstig zu sein, ist es nicht so, Charo?

Sprecherin: Genau so ist es, Carlos. Das relativ wechselhafte Wetter von gestern und heute mit Regenfällen und Schauern in einigen Gebirgsregionen im Landesinnern zieht Richtung Nordosten, zur französischen Mittelmeerküste. Aus Richtung Süden weht ein gemäßigter Wind bei klarem Himmel. Daher scheint am Tage die Sonne und die Temperaturen steigen bis auf 24 Grad. Es bleiben noch einige Gewitterwolken im nördlichen Gebiet der Halbinsel, aber im Allgemeinen werden wir uns an einem sonnigen Wochenende erfreuen können. Machen Sie es gut und genießen Sie es!

Martin: Übersetz, Manuel! Wie wird das Wetter? Brauchen wir einen Regenschirm?

Manuel: Morgen wird das Wetter schön, es regnet nicht, es wird warm, aber nicht zu sehr. Es weht ein leichter Wind und die Regenwolken dieser Woche ziehen nach Frankreich. Wie findest du das?

Cultura

Todo bajo el sol – alles unter der Sonne. Leider gilt dieser Werbeslogan nicht für die gesamte iberische Halbinsel. Denn insbesondere im grünen Norden regnet es oft und ausgiebig. Im gebirgigen Landesinnern muss im Winter – **el invierno** – grundsätzlich mit Schnee – **la nieve** – gerechnet werden. Dennoch gilt besonders in den Sommermonaten, dass der Süden unter großer Hitze und unter entsprechendem Wassermangel leidet.

▶ Comunicación

¿Qué tiempo *hace / va a hacer*?
Wie ist / wird das Wetter?
Hace *calor / frío / sol*.
Es ist heiß / kalt / Die Sonne scheint.
Hace *buen / mal* tiempo.
Das Wetter ist schön / schlecht.
Las temperaturas *suben / bajan* a 12 grados.
Die Temperaturen steigen / fallen auf 12 Grad.
El tiempo es *inestable / estable*.
Das Wetter ist wechselhaft / beständig.
El cielo está *claro / nuboso*.
Der Himmel ist klar / bewölkt.
Llueve / Soplan vientos moderados.
Es regnet / Es wehen moderate Winde.
Quedan nubes tormentosas / Hay chubascos.
Es bleiben Gewitterwolken / Es gibt Schauer.

A2 Ejercicio de comunicación

Sagen Sie es auf Spanisch.
Vorsicht, nicht alle Sätze stehen wörtlich im Dialog.

1. Wie wird das Wetter am Samstag?

____

2. Die Temperaturen steigen auf dreißig Grad.

____

3. Scheint am Wochenende die Sonne?

____

4. Es gibt Regen.

____

5. Morgen wird das Wetter wechselhaft.

___

6. Der Himmel ist bewölkt.

___

A3 Ejercicio de vocabulario

Wohin gehören diese Wörter?
sopla • mal tiempo • disfrutar • prognóstico • viento • temperaturas • nubes de lluvia

1. Las ___ se van a Francia.
2. El ___ para el fin de semana parece ser muy bueno.
3. El ___ sique su rumbo hacia la costa.
4. Desde el norte ___ un poco de ___
5. Las ___ suben a unos 29 grados.
6. Podemos ___ de un domingo soleado.

A4 Ejercicio de gramática

Ergänzen Sie die richtige Form des Verbs *ir*.

1. La familia Schmidt quiere ___ a Córdoba.
2. (Yo) ___ esta noche a casa de un amigo.
3. Tú ___ a alquilar un coche para nosotros.
4. Mañana ___ a nevar en el norte de España.
5. ¿Cuándo os ___ a Andalucía? – No nos

   ___
6. Esta noche ___ a soplar vientos fuertes del este.

5

→ Die richtigen Lösungen finden Sie auf Seite 155.

▶ Los puntos cardinales – *Die Himmelsrichtungen*

Norden
el norte
(septentrional)

Westen **el oeste**
(occidental)

el este *Osten*
(oriental)

el sur
(meridional)
Süden

▶ ir – *gehen*

yo	**voy**	*ich gehe*
tú	**vas**	*du gehst*
él/ella/usted	**va**	*er / sie geht / Sie gehen*
nosotros/nosotras	**vamos**	*wir gehen*
vosotros/vosotras	**váis**	*ihr geht*
ellos/ellas/ustedes	**van**	*sie / Sie gehen*

▶ Futuro inmediato – *Nahe Zukunft*

Das Verb *ir* kombiniert mit *a* + Infinitiv ist eine Form des Futurs, mit der Pläne oder Vorhaben in naher Zukunft ausgedrückt werden können.

Esta tarde **va a llover**.	*Heute Nachmittag wird es regnen.*
Luego **voy a llamar** a casa.	*Nachher rufe ich zu Hause an.*

▶ Los días de la semana – *Die Wochentage*

lunes	*Montag*	viernes	*Freitag*
martes	*Dienstag*	sábado	*Samstag*
miércoles	*Mittwoch*	domingo	*Sonntag*
jueves	*Donnerstag*		

VUELVE EL ANTICICLÓN

La retirada del mal tiempo va a volver a dejar el camino libre al anticiclón, por el oeste de la península. Así pues para cerrar la semana se esperan claros importantes en todo el país. Aún así van a quedar algunas nubes en el litoral norte. Las temperaturas también van a volver a subir. Especialmente en el norte, donde la bajada de los termómetros va a ser más importante durante el viernes y el sábado. En la costa atlántica del litoral andaluz sopla hoy un viento nordeste fuerza 4, arreciando a mediodía a 5: por consecuencia en el mar se observa marejadilla a marejada con áreas de fuerte marejada. La visibilidad es buena.

Página web

Aktuelle Wetterberichte zu allen spanischen Regionen, Küstenabschnitten und Städten finden Sie unter: http://www.anticiclon.com/

Cultura

Wenn Sie sich besonders für die Wind- und Seeverhältnisse interessieren, können Sie sich auf der Homepage des spanischen Umweltministeriums informieren: http://www.inm.es/web/infmet/predi/metmar/bolmet.html Die Angaben **marejadilla**, **mar rizada** und (**fuerte**) **marejada** beziehen sich dabei auf die Wellenaktivitäten des Meeresabschnitts. Wassersportler können sich auch Informationen zu den jeweils relevanten Strömungsverhältnissen einholen.

Ocio

Manuel: Bueno, ¿qué plan tienes para mañana?
Martin: No lo sé aún, tal vez voy a Granada ...
Manuel: Está un poco lejos, ¿no te parece? ¿Quieres estar tantas horas en el coche conduciendo?
Martin: No, no tengo ganas de conducir mucho ...
Manuel: Pues busca algo más cerca. Te gusta el mar, ¿verdad? Puedes ir a Marbella o ...
Martin: No sé, a mí me gusta nadar y bucear, pero Marbella me parece un poco snob.
Manuel: Depende. ¿Y Ronda? Es un pueblo en plena sierra, con una plaza de toros impresionante.
Martin: Vaya, Manuel, no me gustan los toros, no quiero ir a ver una corrida ...
Manuel: No, hombre, que a ti no te gusta eso ya lo sé. Pero te gusta la historia y también te gustan los monumentos históricos y la plaza de toros de Ronda es una maravilla ... y también hay iglesias y palacios. Créeme: A ti Ronda te va a gustar. ¿Sabes qué? Voy a llamar a un amigo de allí, él te puede enseñar todo, si quieres.
Martin: ¡Vale, pues, de acuerdo!
Manuel: ¡Estupendo! Y ahora, vamos a bailar o ...
Martin: Uy, no tengo ganas de ir a una discoteca, debe haber algo más interesante.
Manuel: Miramos en el periódico ...

B1 Control ✔

Was stimmt? Was stimmt nicht? Machen Sie einen ✔ für richtig.

1. Martin hat schon einen genauen Plan für das Wochenende.
2. Ronda ist ein kleines Städtchen in der Nähe von Málaga.
3. Die beiden Freunde des Stierkampfs fahren nach Ronda.
4. Manuel schlägt vor, tanzen zu gehen.

→ Die richtigen Lösungen finden Sie auf Seite 155.

Freizeit

Manuel: Gut, was hast du für morgen geplant?

Martin: Ich weiß es noch nicht, vielleicht fahre ich nach Granada ...

Manuel: Das ist ein bisschen weit, findest du nicht? Willst du so viele Stunden Auto fahren?

Martin: Nein, ich habe keine Lust viel zu fahren.

Manuel: Dann such dir etwas in der Nähe. Dir gefällt doch das Meer, nicht wahr? Du kannst nach Marbella fahren oder ...

Martin: Ich weiß nicht, ich schwimme und tauche gern, aber Marbella scheint mir etwas versnobt zu sein.

Manuel: Das kommt darauf an. Und Ronda? Es ist ein Dorf mitten in den Bergen mit einer beeindruckenden Stierkampfarena.

Martin: Na hör mal, Manuel, mir gefallen die Stierkämpfe nicht, ich möchte mir keine Corrida ansehen ...

Manuel: Nein, Mann, dass es dir nicht gefällt, weiß ich doch schon. Aber du magst Geschichte und du magst auch historische Bauwerke und die Stierkampfarena in Ronda ist wunderbar ... und es gibt auch Kirchen und Paläste. Glaub mir: Ronda wird dir gefallen. Weißt du was? Ich rufe einen Freund dort an, der kann dir alles zeigen, wenn du willst.

Martin: Gut, dann, einverstanden.

Manuel: Wunderbar! Und jetzt gehen wir tanzen oder ...

Martin: Oh, ich habe keine Lust, in eine Diskothek zu gehen, es muss etwas Interessanteres geben.

Manuel: Schauen wir in die Zeitung.

Cultura

Die Stierkampfsaison beginnt im März und endet im Oktober. Interessant für Freunde und Gegner der **Corrida** ist der Besuch bei einem Stierzüchter. Hinweisschilder **¡Cuidado! Ganaderia brava** dienen als Wegweiser.

▶ Comunicación

¿Qué plan *tienes / tenéis* para el fin de semana?
Was hast du / habt ihr am Wochenende vor?
Tengo ganas de ir a ver una corrida.
Ich habe Lust einen Stierkampf anzusehen.
¿Qué vas a hacer *esta noche / mañana*?
Was machst du heute Abend / morgen?
¿Adónde *vas / va usted*?
Wohin gehst du / gehen Sie?
Vamos a ir a una discoteca / No lo sé aún.
Wir gehen in eine Diskothek / Ich weiß es noch nicht.
¿*Sabes / Sabéis* qué?
Weißt du / wisst ihr was?
Me gusta *nadar / bucear*.
Ich schwimme / tauche gerne.
¿No *te / le* parece?
Findest du / Finden Sie nicht?

B2 Ejercicio de comunicación

Sagen Sie es auf Spanisch.
Vorsicht, nicht alle Sätze stehen wörtlich im Dialog.

1. Hallo, Herr Sanmartí, wohin gehen Sie?

   ____

2. Was haben Sie heute Nachmittag vor?

   ____

3. Ich weiß es noch nicht.

   ____

4. Wenn Sie wollen, können wir zusammen tauchen gehen.

   ____

5. Gut, dann sehen wir uns um fünf Uhr.

____

B3 Ejercicio de vocabulario

Welche Vokabeln aus dem Dialog sind das? Die Buchstaben sind durcheinander.

1. sigeila ______________________________
2. nomemontu ______________________________
3. aserneñ ______________________________
4. direpócio ______________________________
5. anadr ______________________________
6. ceabur ______________________________

B4 Ejercicio de gramática

Saber oder *poder*? Bilden Sie korrekte Sätze.

1. (tú): si – querer – poder / saber – mirar en mi periódico

____

2. (ella): ¿aún – no – poder / saber – nadar?

____

3. (vosotros): poder / saber – empezar – a las siete

____

Beantworten Sie die Fragen mit den betonten und unbetonten Personalpronomen.

Beispiel: *¿Le gusta Andalucía? – A él le gusta Andalucía.*

4. ¿Te gusta la historia?

____

5. ¿Os gusta la plaza de toros de Ronda?

____

6. ¿Sabes, si a María le gustan los toros?

____

→ Die richtigen Lösungen finden Sie auf Seite 155.

▶ poder – *können*

yo	pue**do**	*ich kann*
tú	pue**des**	*du kannst*
él/ella/usted	pue**de**	*er / sie kann / Sie können*
nosotros/nosotras	pod**emos**	*wir können*
vosotros/vosotras	pod**éis**	*ihr könnt*
ellos/ellas/ustedes	pue**den**	*sie / Sie können*

Poder bezeichnet die Möglichkeit, Dinge zu tun; *saber* dagegen die dazu notwendige Fähigkeit.

▶ saber – *wissen*

yo	**sé**	*ich weiß*
tú	sab**es**	*du weißt*
él/ella/usted	sab**e**	*er / sie weiß / Sie wissen*
nosotros/nosotras	sab**emos**	*wir wissen*
vosotros/vosotras	sab**éis**	*ihr wisst*
ellos/ellas/ustedes	sab**en**	*sie / Sie wissen*

▶ gustar – *mögen*

Verwenden Sie *gustar* um Ihre Vorlieben auszudrücken.

Me gust**a el** ciel**o** clar**o**.	*Ich mag den klaren Himmel.*
Me gust**an los** vin**os** español**es**.	*Ich mag die spanischen Weine.*

▶ Pronombres personales – *Personalpronomen*

Wem etwas gefällt, gibt man mit Pronomen wieder, die vor dem Verb *gustar* stehen. Wollen Sie der Aussage Nachdruck verleihen, benutzen Sie doppelte Pronomen:

A mí, me gusta bucear.
A ti, te gusta visitar monumentos.
A él, le gusta nadar.
A ella, le gusta dormir.
A usted, le gusta la Península.

A nosotros, nos gusta leer.
A vosotros, os gusta Francia.
A ellos, les gusta conducir.
A ellas, les gusta comer.
A ustedes, les gusta bailar.

B5 Ejercicio de revisión

Was passt zusammen? Kreuzen Sie das richtige Wort an.

1. Hace ____	☐ frío	☐ llueve
2. Hace buen ____	☐ sol	☐ tiempo
3. El cielo está ____	☐ frío	☐ nuboso
4. Va a hacer ____ tiempo.	☐ buen	☐ bueno
5. Las temperaturas ____	☐ soplan	☐ suben
6. Quedan algunas nubes ____	☐ moderadas	☐ tormentosas
7. Hay ____ en la montaña.	☐ chubascos	☐ calor
8. El tiempo es ____	☐ inestable	☐ positivo
9. No hace ____ calor.	☐ demasiado	☐ soleado
10. Y a continuación el ____	☐ prognóstico	☐ paraguas

Le toca a usted

Schreiben Sie Ihre persönlichen Sätze auf Spanisch auf. Beantworten Sie die folgenden Fragen in ganzen Sätzen.

Mögen Sie Stierkämpfe?

____

Tauchen oder Schwimmen Sie lieber?

____

Was machen Sie gerne am Wochenende?

____

Lesen Sie gerne Zeitung?

____

Interessieren Sie sich für Geschichte?

____

→ Die richtigen Lösungen finden Sie auf Seite 155.

¿adónde?	*Wohin?*
aún	*noch*
ayer	*gestern*
bailar	*tanzen*
bajar	*sinken*
bucear	*tauchen*
calor, el	*Hitze*
cerca de	*nah*
chubasco, el	*Schauer*
cielo, el	*Himmel*
corrida, la	*Stierkampf*
costa, la	*Küste*
de acuerdo	*einverstanden*
demasiado	*zu sehr, zu viel*
discoteca, la	*Diskothek*
disfrutar	*sich erfreuen*
durante	*während*
en general	*im Allgemeinen*
este, el	*Osten*
frío	*kalt*
frío, el	*Kälte*
gustar	*gefallen*
hacia	*nach*
iglesia, la	*Kirche*
ir a ...	*werden*
irse	*weggehen*
lejos de	*entfernt*
llover	*regnen*
lluvia, la	*Regen*
malo	*schlecht*
mirar	*nachschauen*
moderado	*gemäßigt*
monumento, el	*Denkmal*
nada	*nichts*
nadar	*schwimmen*
nevar	*schneien*
niebla, la	*Nebel*
nieve, la	*Schnee*
norte, el	*Norden*
nube, la	*Wolke*
oeste, el	*Westen*
palacio, el	*Schloss*
paraguas, el	*Regenschirm*
periódico, el	*Zeitung*
plaza de toros, la	*Stierkampfarena*
poco	*etwas, ein bisschen*
poder	*können*
pronóstico, el	*Vorhersage*
pueblo, el	*Dorf*
quedar	*bleiben*
saber	*wissen*
sol, el	*Sonne*
soleado	*sonnig*
soplar	*blasen, wehen*
subir	*steigen*
sur, el	*Süden*
temperatura, la	*Temperatur*
tener ganas	*Lust haben*
tiempo, el	*Wetter*
tormenta, la	*Gewitter, Unwetter*
toro, el	*Stier*
traducir	*übersetzen*
viento, el	*Wind*
zona, la	*Gebiet*

Ir en tren …Unidad 6
Mit dem Zug fahren

In dieser Unidad lernen Sie, wie Sie sich nach Zugverbindungen erkundigen.

Grammatik:

Sie lernen, wie man beschreibt, was man gerade tut.
algún, **alguien**, Fragewörter, Ja/Nein-Frage, Gerundium, Adverbien, regelmäßige Verben

Wortfelder:

Bahnhof, Zug

Wörter aus dieser Unidad, die Sie vielleicht schon gesehen und verstanden haben:
directo* • *la estación* • *el Exprés* • *reservado* • *la clase turista

En la estación

Martin: ¿Hay trenes los lunes para Cádiz?

Empleada: Pues no hay ningún tren directo. Tiene que hacer transbordo en Sevilla. El lunes hay varios trenes. Por ejemplo un TRD que sale de Málaga a las 07:45. Llega a Sevilla a las diez de la mañana y tiene conexión con el Andalucía Exprés de las 10:11.

Martin: ¡Vaya! Pasa por Sevilla. Hm, podría aprovechar para visitar un poco la ciudad, ¿no? ¿Sale algún tren más tarde de Sevilla a Cádiz?

Empleada: Mire: éste Talgo sale a las siete y media. La llegada a Cádiz es a las 21.08 horas.

Martin: Me va bien. ¿Cuánto cuesta un billete de ida? ¿Hay que pagar suplemento para ese tren?

Empleada: Sí. ¿Viaja en preferente o turista?

Martin: Turista, y una reserva de asiento.

Empleada: Sí, un momento. Son ... en total 30,50 euros. Aquí tiene su billete y la reserva. ¡Y ojo! Usted llega por la mañana a la estación sevillana "Dos Hermanas", pero el Talgo sale de "Sevilla-Santa Justa".

A1 Control ✔

Was stimmt? Was stimmt nicht? Machen Sie einen ✔ für richtig.

1. Es gibt keine direkte Verbindung von Málaga nach Cádiz.
2. Martin muss in Granada umsteigen.
3. Der erste Zug fährt in Málaga um Viertel vor acht ab.
4. In Sevilla gibt es verschiedene Bahnhöfe.

 → Die richtigen Lösungen finden Sie auf Seite 156.

Auf dem Bahnhof

Martin: Fahren montags Züge nach Cádiz?

Angestellte: Nun, es gibt keinen direkten Zug. Sie müssen in Sevilla umsteigen. Montags gibt es einige Züge. Z. B. einen TRD, der um 7.45 Uhr in Málaga abfährt. Er kommt in Sevilla um zehn Uhr morgens an und Sie haben dann Anschluss mit dem Andalucía Exprés um 10.11 Uhr.

Martin: Ah! Er fährt über Sevilla. Hm, das könnte ich nutzen, um ein wenig die Stadt zu besichtigen, nicht? Gibt es einen späteren Zug von Sevilla nach Cádiz?

Angestellte: Schauen Sie: Dieser Talgo fährt um halb acht ab. Die Ankunft in Cádiz ist um 21.08 Uhr.

Martin: Das passt mir gut. Wie viel kostet ein einfaches Ticket? Muss man für diesen Zug Zuschlag zahlen?

Angestellte: Ja. Reisen Sie in der Vorzugs- oder Touristenklasse?

Martin: Touristenklasse, und eine Sitzplatzreservierung.

Angestellte: Ja, einen Moment. Das macht ... insgesamt 30,50 Euro. Hier haben Sie Ihre Fahrkarte und die Reservierung. Und Obacht! Sie kommen morgens in Sevilla am Bahnhof „Dos Hermanas" an, aber der Talgo fährt von „Sevilla-Santa Justa" ab.

Cultura

Die spanische Bahngesellschaft **RENFE** bietet eine kostengünstige Möglichkeit, durch Spanien zu reisen. Die meisten Züge bieten angemessenen Komfort und auf den Fahrplan – **horario** – kann man sich verlassen. Viele spanische Großstädte haben keinen zentralen Hauptbahnhof, sondern verschiedene Bahnhöfe – **estaciónes de ferrocarril**. Informieren Sie sich daher immer genau, wo Sie umsteigen müssen.

▶ **Comunicación**

¿Cuándo sale el *primer / último* tren para Madrid?
Wann fährt der erste / letzte Zug nach Madrid ab?
El tren *sale / llega* a las diez y media.
Der Zug fährt / kommt um halb elf ab / an.
No hay / Hay tren directo.
Es gibt keine / eine direkte Zugverbindung.
¿Dónde hay que hacer transbordo?
Wo muss man umsteigen?
Tiene conexión con el Andalucía Exprés.
Sie haben Anschluss mit dem Andalucía Exprés.
¿Hay que pagar suplemento para este tren?
Muss man für diesen Zug Zuschlag zahlen?
¿Cuánto cuesta un billete de *ida / ida y vuelta*?
Wie viel kostet eine einfache Fahrt / Hin- und Rückfahrkarte?
¿Viaja en *preferente / turista*?
Reisen Sie in der Vorzugs- / Touristenklasse?

A2 Ejercicio de comunicación

Sagen Sie es auf Spanisch.

1. Gibt es eine direkte Zugverbindung nach Tarifa?

   ____

2. Eine Hin- und Rückfahrkarte nach Bilbao, bitte.

   ____

3. Gibt es einen späteren Zug nach Ronda?

   ____

4. Wann komme ich in Málaga an?

   ____

5. Wo muss ich umsteigen?

   ____

A3 Ejercicio de vocabulario

Wie heißen diese Vokabeln auf Spanisch? Setzen Sie sie in das Kreuzworträtsel ein.

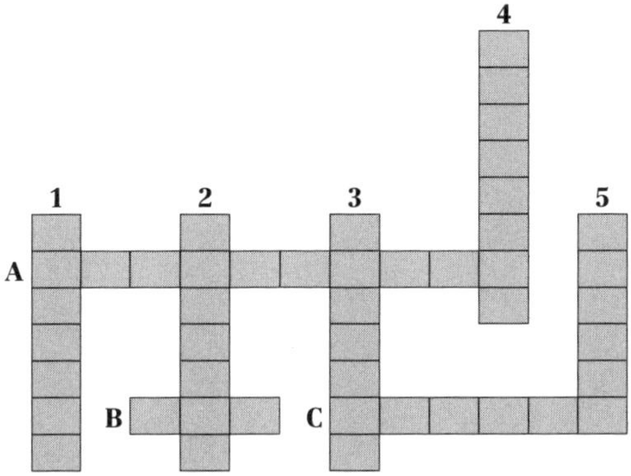

Horizontal – ***Waagerecht***
A Zuschlag
B einfache Fahrt
C Rückfahrt

Vertical – ***Senkrecht***
1 Sitzplatz
2 Ankunft
3 Reservierung
4 Anschluss
5 Abfahrt

A4 Ejercicio de gramática

Vervollständigen Sie die Fragen mit den richtigen Fragewörtern.

De dónde • A dónde • Dónde • Cuándo • Cuánto • Cúal

1. ¿ ____________________ vamos mañana?
2. ¿ ____________________ tenemos que estar en la estación?
3. ¿ ____________________ es el número de tren?
4. ¿ ____________________ sale el tren?
5. ¿ ____________________ hacemos transbordo?
6. ¿ ____________________ cuestan los billetes?

→ Die richtigen Lösungen finden Sie auf Seite 156.

▶ algún – *irgendein*

Im Deutschen braucht man oft nicht die Entsprechung für *algún*. Es bedeutet „irgendein" und wird bei Sachen verwendet.

¿Hay aún **algún** tren para Salamanca?	*Gibt es noch irgendeinen Zug nach Salamanca?*
¿Necesita **alguna** información?	*Brauchen Sie irgendeine Information?*
Tengo **algunas** preguntas.	*Ich habe ein paar Fragen.*
Para **algunos** trenes pagas suplemento.	*Für einige Züge zahlst du einen Zuschlag.*

Die verneinte Form benutzt man nur im Singular.

No tengo **ningún** billete.	*Ich habe keine Fahrkarte.*
No necesitamos **ninguna** ayuda.	*Wir brauchen keine Hilfe.*

▶ alguien – *irgendjemand*

Alguien bedeutet „irgendjemand" und wird bei Personen benutzt.

¿Hay **alguien** en el lavabo?	*Ist jemand auf der Toilette?*
No, **no** hay **nadie**.	*Nein, dort ist niemand.*
¿Visitamos a **algún** amigo?	*Besuchen wir irgendeinen Freund?*
No visitamos a **ningún** amigo.	*Wir besuchen keinen Freund.*

▶ Pronombres interrogativos – *Fragewörter*

Hier eine Zusammenstellung der bisher gelernten Fragewörter:

¿Qué?	*Was?*	**¿De dónde?**	*Woher?*
¿Cuándo?	*Wann?*	**¿Por qué?**	*Warum?*
¿Dónde?	*Wo?*	**¿Quién?**	*Wer?*
¿Cuánto?	*Wie viel?*	**¿Cómo?**	*Wie?*
¿Cuál?	*Welche?*	**¿A dónde?**	*Wohin?*

▶ Interrogación simple – *Intonationsfrage*

Für eine einfache Ja/Nein-Frage genügt es in der Regel, wenn Sie einen einfachen Aussagesatz, eine Adresse oder einen Namen mit ansteigender Intonation sprechen.

RENFE

RENFE española le ofrece al viajero todo tipo de comodidad. Disponen de trenes modernos, aptos para todo tipo de prestación. Entre ellos destacan el AVE, un tren de alta velocidad similar al TGV francés, y el Talgo, un tren muy rápido de mucho confort. Pero también los trenes regionales y de cercanías reunen igualmente todos los requisitos imprescindibles para satisfacer a los viajeros. Se puede elegir entre varias clases: Primera, Segunda, Club, Preferente o Turista. El viajero puede disfrutar del mejor servicio en el coche restaurante, con música e incluso vídeo y con muchas prestaciones más para convertir su viaje en una experiencia excepcional.
Para ponerse en contacto con la RENFE y obtener billetes por internet:
Venta de Billetes por internet (TIKNET)
P° de las Delicias, 61
28045 MADRID
Email: venta-internet@renfe.es

Cultura
Die Züge in Spanien sind in aller Regel breiter als im restlichen Europa, lediglich die neuen Modelle der Hochgeschwindigkeitszüge entsprechen der mitteleuropäischen Norm. Darum heißt es in den Pyrenäen immer noch: Bitte umsteigen!

Página Web
Über Zugverbindungen innerhalb Spaniens können Sie sich unter http://www.renfe.es/ und dem Link **horarios y precios** informieren.

Del andén al tren

Martin: Perdón, ¿sale de aquí el tren de Sevilla?

Viajera: Sí, yo también estoy esperándolo, pero están diciendo que trae diez minutos de retraso.

Manuel: Bueno, ¡qué le vamos a hacer! Gracias.

ALTAVOZ: Próxima circulación por vía uno, rápido procedente de Almería con destino a Marbella. Tiene parada en Fuengirola. Por vía dos va a efectuar su entrada el TRD con destino a Sevilla.

Martin: Oiga, perdone, éste es el asiento número 53 y ésta es mi reserva. Ya ve que la plaza está reservada. Lo siento mucho.

Viajera: Pues no lo entiendo. Porque yo también tengo reserva. Mire, ahí viene el revisor. ¡Oiga, oiga! Venga que tenemos un lío con las reservas ...

Revisor: Buenos días. Vamos a ver ... Mire. Este señor tiene una reserva para el asiento número 53 y este número no lo puedo leer bien: 58, creo.

Viajera: ¡Qué dice! A ver ... Pues sí, tiene usted razón, lo siento. Ahora mismo recojo mis cosas.

Martin: No, señora, no se preocupe. Yo me siento allí tranquilamente.

Revisor: Muy bien, caballero, pero muéstreme primero su billete.

B1 Control ✔

Was stimmt? Was stimmt nicht? Machen Sie einen ✔ für richtig.

1. Martin fragt nach dem Zug nach Cádiz.
2. Martin ist auf dem richtigen Bahnsteig.
3. Der Zug ist pünktlich.
4. Der Sitzplatz von Martin wurde doppelt reserviert.

→ Die richtigen Lösungen finden Sie auf Seite 156.

Vom Bahnsteig in den Zug

Martin: Entschuldigung, fährt hier der Zug nach Sevilla ab?

Reisende: Ja, ich warte auch darauf, aber sie sagen, dass er zehn Minuten Verspätung hat.

Manuel: Gut, da kann man nichts machen! Danke!

Lautsprecher: Nächster Zug auf Gleis 1, Schnellzug aus Almería mit Ziel Marbella. Der Zug hält in Fuengirola. Auf Gleis 2 fährt ein der TRD Richtung Sevilla.

Martin: Hören Sie, entschuldigen Sie, das ist der Sitzplatz Nummer 53 und das ist meine Reservierung. Sie sehen: Dieser Sitzplatz ist reserviert. Tut mir Leid.

Reisende: Also das verstehe ich nicht. Weil ich auch eine Reservierung habe. Sehen Sie, da kommt der Schaffner. Hallo, hallo! Kommen Sie, wir haben ein Problem mit den Reservierungen ...

Schaffner: Guten Tag. Schauen wir mal ... Sehen Sie: Dieser Herr hat eine Reservierung für den Sitzplatz Nummer 53 und diese Zahl kann ich nicht richtig lesen: 58, glaube ich.

Reisende: Was sagen Sie da! Mal sehen ... Nun ja, Sie haben Recht, es tut mir Leid. Ich packe meine Sachen gleich zusammen.

Martin: Nein, machen Sie sich keine Sorgen. Ich setze mich einfach dort hin.

Schaffner: Sehr gut, mein Herr, aber zeigen Sie mir doch zuerst Ihre Fahrkarte.

Cultura

Die Fernverkehrszüge der **RENFE** bieten zeitgemäßen Komfort. In Nahverkehrszügen wird man dafür aber Toiletten und einen Speisewagen – **coche restaurante** – vergeblich suchen.

▶ Comunicación

¿Sale de aquí el tren *a / con destino a* Sevilla?
Fährt hier der Zug nach / mit Bestimmungsort Sevilla ab?
El TRD va a efectuar su entrada por vía dos.
Der TRD fährt auf Gleis zwei ein.
¿A qué vía llega el rápido de Valencia?
Auf welchem Gleis kommt der Schnellzug aus Valencia an?
¿Es éste el Talgo *para / procedente de* Madrid?
Ist das der Talgo nach / aus Madrid?
El tren trae unos minutos de retraso.
Der Zug hat einige Minuten Verspätung.
Este tren *no tiene / tiene* parada en Aranjuez.
Dieser Zug hält nicht / hält in Aranjuez.
Lo siento, este asiento está *reservado / ocupado*.
Es tut mir Leid, dieser Platz ist reserviert / besetzt.
¡*El billete / La reserva*, por favor!
Die Fahrkarte / Reservierung, bitte!

A2 Ejercicio de comunicación

Sagen Sie es auf Spanisch.

1. Von wo fährt der Zug nach Granada ab?

____

2. Ist das der Zug aus Algeciras?

____

3. Der Zug hat 15 Minuten Verspätung.

____

4. Ist der Platz besetzt?

____

5. Wir haben hier ein Problem.

____

B3 Ejercicio de vocabulario

Ordnen Sie die Buchstaben und ergänzen Sie den Artikel.

DENAN: ______

AVI: ______

TINODES: ______

DATRENA: ______

TARRESO: ______

PODARI: ______

ROVIRES: ______

LIRUCACONIC: ______

B4 Ejercicio de gramática

Bilden Sie Sätze mit *estar* + Gerundium und ergänzen Sie die Artikel und die Präpositionen.

1. (yo) esperar – tren de Barcelona

   ______

2. viajero – mirar – horario de trenes

   ______

3. (nosotros) – comer – coche-restaurante

   ______

4. mis amigos – buscar – algo – sus asientos

   ______

5. viajero – recoger – sus cosas

   ______

6. revisor – controlar – billetes

   ______

→ Die richtigen Lösungen finden Sie auf Seite 156.

▶ Gerundio – *Gerundium*

Handlungen, die gerade passieren, drückt man mit der Kombination *estar* + Gerundium aus. Das Gerundium wird mit dem Infinitivstamm und der entsprechenden Endung gebildet:

habl**ar**	→ habl**ando**	**Estoy hablando.**
com**er**	→ com**iendo**	**Estamos comiendo.**
sal**ir**	→ sal**iendo**	**El tren está saliendo.**

Bei reflexiven Verben wird das Pronomen normalerweise an das Gerundium angehängt:

hac**erse**	→ hac**iéndose**	¿Estás hac**iéndote** un café?

▶ Verbos irregulares – *Unregelmäßige Verben*

Viele unregelmäßige Verben haben nur in der ersten Person Singular – *yo* / ich – eine unregelmäßige Form.

salir	→ sal**g**o, sales, sale, salimos ...	*rausgehen*
traer	→ tra**ig**o, traes, trae, traemos ...	*bringen*
decir	→ d**ig**o, d**i**ces, d**i**ce, decimos ...	*sagen*
venir	→ ven**g**o, v**ie**nes, v**ie**ne, venimos ...	*kommen*
hacer	→ ha**g**o, haces, hace, hacemos ...	*machen*

▶ Adverbios – *Adverbien*

Adverbien setzen sich in ihrer regelmäßigen Form aus der weiblichen Form des Adjektivs (mit der Endung *-a*) und der Endung *-mente* zusammen.

tranquilo	→ tranquil*a***mente**
amable	→ amable**mente**

Für „gut" und „schlecht" benutzt man diese Sonderformen:

bueno	→ **bien**	Habla muy **bien** el español.
malo	→ **mal**	¡Te oigo muy **mal**!

9

B5 Ejercicio de revisión

Schreiben Sie, möglichst ohne nachzuschlagen, diese schwierigeren Vokabeln und Ausdrücke auf.

1. ruhig ____________________
2. die Vorzugsklasse ____________________
3. zusammenpacken ____________________
4. es tut mir Leid ____________________
5. der Speisewagen ____________________
6. das Problem ____________________
7. lesen ____________________
8. Recht haben ____________________
9. die Geschwindigkeit ____________________
10. Obacht ____________________

Le toca a usted

Schreiben Sie Ihre persönlichen Sätze auf Spanisch auf. Beantworten Sie die folgenden Fragen in ganzen Sätzen.

Fahren Sie eher mit dem Zug, oder ziehen Sie das Auto / Flugzeug vor?

____

Nutzen Sie in Spanien das Angebot der RENFE?

____

In welcher Klasse verreisen Sie normalerweise immer?

____

Reservieren Sie sich immer einen Sitzplatz?

____

Kaufen Sie Ihre Fahrkarten auch schon mal über das Internet?

____

→ Die richtigen Lösungen finden Sie auf Seite 156.

ahora mismo	*sofort, jetzt gleich*
ahora	*jetzt*
alguien	*jemand*
algún	*(irgend-)ein*
amable	*höflich*
andén, el	*Bahnsteig*
aprovechar	*nutzen*
asiento, el	*Sitzplatz*
ayuda, la	*Hilfe*
billete de ida y vuelta, el	*Hin- und Rückfahrkarte*
billete de ida, el	*einfache Fahrkarte*
billete, el	*Fahrschein*
clase preferente, la	*erste Klasse*
coche restaurante, el	*Speisewagen*
comodidad, la	*Bequemlichkeit*
cosa, la	*Sache*
¿cuál?	*Welcher?*
¿de dónde?	*Woher?*
destino, el	*Fahrziel*
directo	*direkt*
entender	*verstehen*
entrada, la	*Einfahrt*
esperar	*warten*
ferrocarril, el	*Eisenbahn*
hacer transbordo	*umsteigen*
hay que	*man muss*
horario, el	*Fahrplan*
lío, el	*Problem*
llegada, la	*Ankunft*
mostrar	*zeigen*
nadie	*niemand*
ningún	*kein*
ocupado	*besetzt*
¡ojo!	*Vorsicht!*
parar	*anhalten*
perdonar	*entschuldigen*
¿por qué?	*Warum?*
porque	*weil*
procedente de	*aus*
recoger	*zusammen packen*
reserva, la	*Reservierung*
reservado	*reserviert*
retraso, el	*Verspätung*
revisor, el	*Schaffner*
salida, la	*Abfahrt*
salir	*abfahren*
sentarse	*sich setzen*
suplemento, el	*Zuschlag*
tener conexión	*Anschluss haben*
tener razón	*Recht haben*
tener parada	*halten*
traer retraso	*Verspätung haben*
tranquilo	*ruhig*
tren de alta velocidad, el	*Hochgeschwindigkeitszug*
tren de cercanías, el	*Nahverkehrszug*
último	*letzter*
varios	*mehrere*
velocidad, la	*Geschwindigkeit*
venir	*kommen*
venta, la	*Verkauf*
vía, la	*Gleis*
viaje, el	*Reise*
viajero, el	*Reisender*

Ir de compras …Unidad 7
Einkaufen gehen

In dieser Unidad lernen Sie, wie Sie Preise und Produkte miteinander vergleichen.

Grammatik:

Sie lernen, wie man genaue Mengenangaben macht. Akkusativpronomen, **más que**, **menos que**, Mengenangaben, **tanto como**, **tan como**

Wortfelder:

Farben, Kleidung, Einkaufen

Wörter aus dieser Unidad, die Sie vielleicht schon gesehen und verstanden haben:
el kilo • clásico • el producto • especial •
la tradición

En el mercado

Vendedora: ¡Melocotones, recién cogidos del árbol! Muchacho, ¿qué te pongo?

Martin: ¿Qué precio tienen los melocotones?

Vendedora: Están a 1,50 € el kilo – mira que ricos son.

Martin: Póngame dos ... pero no dos kilos, sólo dos melocotones y más bien maduros.

Vendedora: ¡Mira, mi vida! Cógelos tú mismo y yo te los peso ... ¿Éstos? Los dos melocotoncitos son 80 céntimos. ¿Necesitas una bolsa?

Martin: Me gusta aquel abanico oscuro. Es un regalo para mi amiga. ¿Cuánto cuesta?

Vendedora: ¿Éste dices? Pues cuesta 25 euros. Es el último que me queda.

Martin: ¡Qué caro! ¡Pero si ésos de ahí valen 7 euros!

Vendedora: ¡No los puedes comparar! Mira, este abanico está hecho de madera de ébano y pintado a mano. ¿No ves la diferencia? Ese no está mal, pero es un abanico normal y corriente, mientras que el primero es mucho más bueno, un producto especial con una tradición artesanal y de alta calidad. Y además está pintado por los dos lados.

Martin: Ya veo, pero me parece demasiado caro y por eso no me interesa. Lo dejo.

A1 Control ✔

Was stimmt? Was stimmt nicht? Machen Sie einen ✔ für richtig.

1. Martin ist auf einem Flohmarkt.
2. Er mag Pfirsiche und kauft zwei Kilo.
3. Der Preis für den Fächer erscheint Martin sehr hoch.
4. Martin kauft einen billigeren Fächer.

→ Die richtigen Lösungen finden Sie auf Seite 157.

Auf dem Markt

Verkäuferin: Pfirsiche, gerade vom Baum gepflückt! Junger Mann, was darf's sein?

Martin: Was kosten die Pfirsiche?

Verkäuferin: Sie sind bei 1,50 € das Kilo. Schau nur, wie lecker sie sind.

Martin: Geben Sie mir zwei ... aber nicht zwei Kilo; nur zwei Pfirsiche und eher reife.

Verkäuferin: Schau, mein Schatz! Nimm sie dir selbst und ich wiege sie dir ab ... Die zwei kleinen Pfirsiche kosten 80 Cent. Brauchst du eine Tüte?

Martin: Mir gefällt der dunkle Fächer dort. Es ist ein Geschenk für meine Freundin. Was kostet er?

Verkäufer: Dieser, sagst du? Nun, er kostet 25 Euro. Das ist der letzte, den ich noch habe.

Martin: Wie teuer! Aber diese da kosten nur 7 Euro!

Verkäufer: Die kannst du nicht vergleichen. Schau, dieser Fächer ist aus Ebenholz gemacht und von Hand bemalt. Siehst du nicht den Unterschied? Der da ist nicht schlecht, aber es ist ein normaler und gewöhnlicher Fächer, während der erste viel besser ist, ein besonderes Produkt mit einer handwerklichen Tradition und von hoher Qualität. Und außerdem ist er von beiden Seiten bemalt.

Martin: Ich sehe schon, aber er erscheint mir zu teuer und darum interessiert er mich nicht. Ich lasse es.

Cultura

Fast jeder Ort hält regelmäßig Markttage – **días de mercado** – ab. Dort gibt es Gemüse und Spielzeug, Haushaltswaren und Kleidung. Den täglichen Markteinkauf erledigt man in der Markthalle – **mercado**, da die Preise dort in der Regel günstiger sind als in den Supermärkten – **supermercados** – und Hypermärkten – **hypermercados**.

▶ Comunicación

¡Póngame *medio* / *un* kilo de melocotones!
Geben Sie mir ein halbes Kilo / ein Kilo Pfirsiche!
Los quiero más bien *maduros* / *verdes*.
Ich möchte sie eher reif / grün.
¿Puedo *cogerlos* / *cogerlo* yo mismo?
Kann ich sie / es selbst aussuchen?
Nada más. / *¿Algo más*?
Nichts mehr. / Noch etwas anderes?
¿Qué precio tienen / *Cuánto es?*
Wie viel kosten sie / Was macht das?
Necesito una bolsa.
Ich brauche eine Tüte.
¿De qué está hecho *este abanico* / *esa caja*?
Woraus ist dieser Fächer / diese Kiste gemacht?
Lo dejo / *Me lo llevo.*
Ich lasse / nehme es.

A2 Ejercicio de comunicación

Sagen Sie es auf Spanisch.
Vorsicht, nicht alle Sätze stehen wörtlich im Dialog.

1. Wie viel kosten die Trauben?

____

2. Ich möchte ein Kilo Trauben.

____

3. Nichts mehr, danke.

____

4. Geben Sie mir bitte auch ein halbes Kilo Pfirsiche.

____

5. Ich möchte reife Pfirsiche.

____

6. Eine Tüte, bitte.

____

A3 Ejercicio de vocabulario

Finden Sie sieben Begriffe rund um den Einkauf.

CO • TON • A • CO • BA • NI • BOL • CO • MA • SA • RI • DU • SAR • RO • PE • CA • ME • LO • RO

1. ______________________________
2. ______________________________
3. ______________________________
4. ______________________________
5. ______________________________
6. ______________________________
6. ______________________________
7. ______________________________

A4 Ejercicio de gramática

Setzen Sie die korrekte Mengenangabe ein.

botellas • kilo • gramos • litros • caja • ración • tapa

1. Déme cinco ______________ de agua.
2. Me llevo una ______________ con seis ______________ de Rioja.
3. Quiero un ______________ y medio de almejas.
4. Póngame 150 ______________ de jamón serrano.
5. Oiga, una ______________ de aceitunas y también una ______________ de almendras saladas.

→ Die richtigen Lösungen finden Sie auf Seite 157.

▶ Datos cuantitativos – *Mengenangaben*

Hier eine Auflistung von wichtigen und nützlichen Mengenangaben:

Una **botella** de cerveza.	*Eine Flasche Bier.*
Un **litro** de vino tinto.	*Ein Liter Rotwein.*
Una **garrafa** de 2 litros de agua.	*Ein 2-Liter-Kanister Wasser.*
Una **lata** de coca-cola.	*Eine Dose Coca-Cola.*
200 **gramos** de champiñones.	*200 Gramm Champignons.*
Un **cuarto** de queso.	*250 Gramm Käse.*
Medio kilo de albaricoques.	*Ein halbes Kilo Aprikosen.*
Cinco **kilos** de naranjas.	*Fünf Kilo Orangen.*
Una **cesta** de fresas.	*Ein Korb Erdbeeren.*
Un **manojo** de hierbas.	*Ein Bund Kräuter.*
Un **saco** de patatas.	*Ein Sack Kartoffeln.*
Un **tarro** de miel.	*Ein Glas Honig.*
Una **bolsa** de madalenas.	*Eine Packung Madeleines.*
Una **barra** de pan (integral).	*Eine Stange (Vollkorn-) Brot.*
Una **caja** de cerillas.	*Eine Schachtel Streichhölzer.*
Un **paquete** de cigarros.	*Ein Päckchen Zigaretten.*
Un **cartón** de Marlboro.	*Eine Stange Marlboro.*

▶ más que, menos que, tan como – *mehr als, weniger als, so wie*

Wenn Sie Dinge miteinander vergleichen, benutzen Sie *más/menos* + Adjektiv + *que*; bei *tan* + Adjektiv + *como*:

Esas uvas están **más maduras que** aquellas.	*Diese Trauben sind reifer als jene.*
Me gusta **más** el tabaco rubio **que** el negro.	*Hellen Tabak mag ich lieber als dunklen.*
El coche es **menos caro que** el avión.	*Das Auto ist weniger teuer (= billiger) als das Flugzeug.*
Las fresas están **tan buenas como** las uvas.	*Die Erdbeeren sind so lecker wie die Trauben.*
Me gusta **tanto** el vino tinto **como** el blanco.	*Ich mag sowohl Rot- als auch Weißwein.*

SALIR DE COMPRAS

Salir de compras se ha convertido en nuestros días en un pasatiempos de mucha gente. Los horarios de apertura no siguen ninguna norma rígida y varían: Los almacenes de las grandes ciudades suelen abrir todo el día – de las 09.00 hasta las 21.00 o incluso las 22.00 horas. Un horario parecido siguen los centros comerciales. Las tiendas pequeñas cierran normalmente al mediodía y se toman un descanso de las 13.00 o 14.00 hasta las 17.00 horas. En las grandes ciudades algunos comercios abren incluso el domingo.

Los mercados y las plazas en cambio – los lugares preferentes para comprar fruta, verdura, pescado fresco – se pueden visitar solamente por la mañana hasta el mediodía. Muy divertido es visitar un rastro el fin de semana.

Cultura

Einkaufen ist in Spanien durchaus ein Serviceangebot. Der Kunde erwartet höflichen Service und kompetente Beratung und ist entsprechend anspruchsvoll. So werden in vielen Supermärkten die Einkäufe für die Kunden eingepackt, Tüten werden selbstverständlich nicht berechnet, Werbegeschenke, Treueprämien und Gutscheine sind die Regel und nicht die Ausnahme.

Página Web

Die renommierteste Kaufhauskette in Spanien ist sicherlich **El Corte Inglés**. Deren Standorte, Angebote und Serviceleistungen finden Sie im Internet unter: http://www.elcorteingles.es/

En un almacén

Dependienta: ¿Ya le atienden?
Martin: No, aún no. Mire, allí en el escaparate hay unos zapatos azules muy bonitos.
Dependienta: ¿Los azules de allí? ¿Qué número calza?
Martin: Un cuarenta y tres.
Dependienta: Lo siento mucho, pero su número ya no está.
Dependiente: ¿Qué desea usted?
Martin: Busco un pantalón.
Dependiente: Los pantalones los tenemos allí. ¿Prefiere un pantalón clásico o más bien tipo tejano?
Martin: Los tejanos dan mucho calor. Mejor algo más ligero de algodón.
Dependiente: Muy bien, señor. ¿Cuál es su talla? ¿L o XL?
Martin: Pues depende. Tengo que probármelo.
Dependiente: ¿Qué le parece este pantalón?
Martin: Es estrecho, me queda mejor uno ancho.
Dependiente: Pues estos le van a gustar. ¿Qué color prefiere?
Martin: Azul marino o gris. O ése marrón.
Dependiente: ¿Éste? Muy bien: Si quiere probárselo, el probador está allí al fondo. ¿Qué tal le sienta el pantalón?
Martin: Es un poco largo, pero me gusta. Me lo llevo.
Dependiente: Le queda perfecto. Le acompaño a la caja. ¿Cómo va a pagar? ¿En efectivo o con tarjeta?

B1 Control ✔

Was stimmt? Was stimmt nicht? Machen Sie einen ✔ für richtig.

1. Martin findet keine Schuhe in seiner Größe.
2. Er sucht eine neue Hose.
3. Er bevorzugt dunkle Farben.
4. Die Hose, die Martin anprobiert, passt ihm nicht.

→ Die richtigen Lösungen finden Sie auf Seite 157.

In einem Kaufhaus

Verkäuferin: Werden Sie schon bedient?
Martin: Nein, noch nicht. Schauen Sie, dort im Schaufenster gibt es ein paar sehr schöne blaue Schuhe.
Verkäuferin: Die Blauen dort? Welche Schuhgröße haben Sie?
Martin: Dreiundvierzig.
Verkäuferin: Es tut mir sehr Leid, aber Ihre Größe ist nicht mehr da.
Verkäufer: Was wünschen Sie?
Martin: Ich suche eine Hose.
Verkäufer: Die Hosen haben wir dort. Bevorzugen Sie eher eine klassische Hose oder etwas im Jeans-Stil?
Martin: Jeans sind sehr warm. Lieber etwas Leichteres aus Baumwolle.
Verkäufer: Sehr gut, mein Herr. Welche Größe haben Sie? L oder XL?
Martin: Das kommt darauf an. Ich muss sie anprobieren.
Verkäufer: Wie finden Sie diese Hose?
Martin: Sie ist eng, mir steht eine weite Hosen besser.
Verkäufer: Dann werden Ihnen diese gefallen. Welche Farbe bevorzugen Sie?
Martin: Marineblau oder grau. Oder dieses Braun.
Verkäufer: Dieses? Sehr schön: Wenn Sie sie anprobieren möchten, die Umkleidekabine ist dort hinten. Wie sitzt die Hose?
Martin: Sie ist ein bisschen lang, aber sie gefällt mir. Ich nehme sie.
Verkäufer: Sie steht Ihnen perfekt. Ich begleite Sie zur Kasse. Wie zahlen Sie? Bar oder mit Karte?

Cultura
Trotz Globalisierung und europäischem Binnenmarkt – **el mercado único europeo** – lassen sich Bekleidungsgrößen nicht übertragen. Die Kleidergrößen weichen meist nach oben ab, während die Schuhgrößen etwas kleiner ausfallen.

▶ Comunicación

Necesito / *Busco* unos zapatos azules.
Ich brauche / suche blaue Schuhe.

¿*Qué número calza* / *Cuál es su talla*?
Welche Schuhgröße / Größe haben Sie?

Me vienen *grandes* / *bien*.
Sie sind mir zu groß / passen gut.

¿Qué *color* / *corte* prefiere?
Welche Farbe / Welchen Schnitt bevorzugen Sie?

Tengo que *probármelo* / *probármela*.
Ich muss es / sie anprobieren.

¿Dónde está el probador?
Wo ist die Umkleidekabine?

Este jersey *le* / *te* queda muy bien.
Dieser Pulli steht Ihnen / dir sehr gut.

¿Puedo pagar *en efectivo* / *con tarjeta*?
Kann ich bar / mit Karte zahlen?

B2 Ejercicio de comunicación

Sagen Sie es auf Spanisch.
Vorsicht, nicht alle Sätze stehen wörtlich im Dialog.

1. Ich suche braune Schuhe.

   ____

2. Welche Schuhgröße hast du?

   ____

3. 39 oder 40, ich muss sie anprobieren.

   ____

4. Wie passen die Schuhe?

   ____

5. Sie sind mir zu eng.

____

6. Bringen Sie mir bitte ein größeres Modell.

____

B3 Ejercicio de vocabulario

Wie heißen diese Vokabeln auf Deutsch?

1. el pantalón ______ 6. el escaparate ______
2. el zapato ______ 7. el algodón ______
3. en efectivo ______ 8. la talla ______
4. la tarjeta ______ 9. ligero ______
5. el probador ______ 10. los tejanos ______

B4 Ejercicio de gramática

Formen Sie die Sätze mit Hilfe der Pronomen um.

Beispiel: *Claudia compra un abanico especial.*
→ *Claudia lo compra.*

1. El cliente quiere la bolsa azul.

→ ______________________________

2. Esperamos el ascensor.

→ ______________________________

3. Pago los tejanos en efectivo.

→ ______________________________

4. Martin prefiere el melocotón maduro.

→ ______________________________

5. ¡Compara los abanicos!

→ ______________________________

6. Me llevo este pantalón gris.

→ ______________________________

→ Die richtigen Lösungen finden Sie auf Seite 157.

▶ Pronombres de acusativo – *Akkusativpronomen*

Wenn Sie einen Satz verkürzen wollen, können Sie das Objekt durch ein Objektpronomen ersetzen. Sie stehen direkt vor dem Verb:

Se pone el **vestido dorado**.	→ Se **lo** pone.
Me pruebo **unos calcetines**.	→ Me **los** pruebo.
Quiero **esta blusa verde**.	→ **La** quiero.
Compra **dos faldas blancas**.	→ **Las** compra.

Wenn es sich dabei um einen Befehl oder um ein Gerundium handelt, wird das Pronomen an das Verb angehängt.

¡Déme **ese traje**!	→ ¡**Démelo**!
¡Tráe **una camisa más estrecha**!	→ ¡**Tráela**!
Estoy tomando **mi café**.	→ Estoy **tomándolo**.

▶ Ropa – *Kleidung*

Hier eine Auflistung der wichtigsten Kleidungsstücke:

CABALLERO	SEÑORA
el traje = *Anzug*	el vestido = *Kleid*
la camisa = *Hemd*	la blusa = *Bluse*
la corbata = *Krawatte*	la falda = *Rock*
el calcetín = *Socke*	la media = *Strumpf*
el calzoncillo = *Unterhose*	la braga = *Slip*

▶ Colores – *Farben*

Hier eine Auflistung der wichtigsten Farben:

blanco	*weiß*	rojo/	*rot*	azul	*blau*
negro	*schwarz*	colorado		turquesa	*türkis*
gris	*grau*	amarillo	*gelb*	verde	*grün*
plateado	*silbern*	naranja	*orange*	marrón	*braun*
dorado	*golden*	rosa	*rosa*	morado	*violett*

Auch im Spanischen haben Farben symbolische Bedeutungen. So kann man sich z. B. auch in Spanien schwarz ärgern – *estar negro*. Ist etwas oder jemand anzüglich, so wird die Farbe grün verwendet.

B5 Ejercicio de revisión

Beantworten Sie die Fragen mit Hilfe der Pronomen.

1. ¿Otra botella de vino? Sí, tráigala ____________
2. ¿Me llevo el primer plato? Sí, ____________
3. ¿Quieres postre? ____________
4. ¿Te pido unas berenjenas rellenas?

____

Vergleichen Sie die beiden Aspekte in ganzen Sätzen.

5. hacer calor: Sevilla – Berlin: ____________
6. ser caro: Porsche – Seat: ____________
7. costar: viajar en tren – viajar en avión:

   ____

8. gustar (a mí): Granada – Málaga:

   ____

Le toca a usted

Schreiben Sie Ihre persönlichen Sätze auf Spanisch auf.
Beantworten Sie die Fragen in ganzen Sätzen.

Welche ist Ihre Lieblingsfarbe?

____

Welches Obst essen Sie besonders gern?

____

Welches Gemüse mögen Sie gar nicht?

____

Kaufen Sie lieber auf dem Markt oder im Supermarkt ein?

____

Welche Schuhgröße haben Sie?

____

→ Die richtigen Lösungen finden Sie auf Seite 157.

abanico, el	*Fächer*
acompañar	*begleiten*
además	*außerdem*
alto	*hoch*
amarillo	*gelb*
atender	*bedienen*
azul	*blau*
barato	*billig*
blanco	*weiß*
bolsa, la	*Tüte*
caja, la	*Kiste, Kasse*
calidad, la	*Qualität*
caro	*teuer*
coger	*nehmen*
color, el	*Farbe*
comparar	*vergleichen*
comprar	*einkaufen*
corto	*kurz*
costar	*kosten*
dar	*geben*
dependiente, el	*Verkäufer*
diferencia, la	*Unterschied*
en efectivo	*bar*
escaparate, el	*Schaufenster*
especial	*speziell, besonders*
estrecho	*eng*
gris	*grau*
horario de apertura, el	*Öffnungszeiten*
interesar	*interessieren*
largo	*lang*
ligero	*leicht*
madera, la	*Holz*
maduro	*reif*
marrón	*braun*
melocotón, el	*Pfirsich*
menos	*weniger*
mercado, el	*Markt*
mientras	*während*
muchacho, el	*junger Mann*
naranja, la	*Orange*
negro	*schwarz*
oscuro	*dunkel*
pantalón, el	*Hose*
pesar	*wiegen*
pintado a mano	*handbemalt*
poner	*geben*
por eso	*daher*
probador, el	*Umkleidekabine*
producto, el	*Produkt*
quedar	*stehen*
recién	*gerade eben*
regalo, el	*Geschenk*
rojo	*rot*
ropa, la	*Kleidung*
sentar	*stehen*
talla, la	*Kleidergröße*
tan(to) como	*so (viel) ... wie*
tejano, el	*Jeans*
todo	*alles*
tradición, la	*Tradition*
valer	*kosten*
vender	*verkaufen*
verde	*grün*
ya no	*nicht mehr*
zapato, el	*Schuh*

Excursiónes …Unidad 8
Ausflüge

In dieser Unidad lernen Sie, wie Sie Ausflüge planen.

Grammatik:

Sie lernen, wie man über etwas berichtet, das man gemacht und erlebt hat.
Verwandte, geographische Namen, man, Perfekt, Natur

Wortfelder:

Tiere, Pflanzen, Familie

Wörter aus dieser Unidad, die Sie vielleicht schon gesehen und verstanden haben:
fantástico • el desastre • antiguo • la finca • la ducha

Nuevos amigos – nuevos caminos

Sonia: Hola, soy la prima de Manuel, Sonia. ¡Bienvenido a casa, Martin! ¡Adelante!

Martin: Hola, ¿qué tal? Gracias por la invitación.

Sonia: Ven, Martin: te presento a mi marido Paco. Paco, éste es Martin, el amigo de Manuel.

Paco: ¡Encantado de conocerte! ¿Qué tal? ¡Siéntate! Sonia, cariño, ponle a Martin un aperitivo mientras que termino en la cocina ...

Sonia: ¿Qué te apetece? ¿Una Manzanilla? Yo también tomo una. Manuel dice que vas a estar dos semanas en Conil, vas a ver que los alrededores son muy bonitos. Se pueden hacer excursiones a caballo ...

Paco: ¡Cuidado, Martin! Las excursiones de Sonia son para atletas, pero tienes que ir: merecen la pena. Eres alemán, ¿verdad?

Martin: Sí, soy alemán, de Stuttgart. Y como no tengo nada planeado, la idea me parece fantástica, sólo que soy un desastre de jinete.

Sonia: Bueno, no se necesita ser un buen jinete para dar un paseo, ni hay que montar a caballo. Se puede ir a pie tranquilamente.

A1 Control ✔

Was stimmt? Was stimmt nicht? Machen Sie einen ✔ für richtig.

1. Sonia ist die Schwester von Manuel.
2. Sie essen gemeinsam in einem Restaurant.
3. Paco ist der Freund von Sonia.
4. Sonia schlägt einen Reitausflug in die nähere Umgebung vor.

→ Die richtigen Lösungen finden Sie auf Seite 158.

Neue Freunde – neue Wege

Sonia: Hallo, ich bin die Cousine von Manuel, Sonia. Willkommen bei uns zu Hause, Martin! Komm herein!

Martin: Hallo, wie geht's? Danke für die Einladung.

Sonia: Komm, Martin: Ich stelle dir meinen Mann Paco vor. Paco, das ist Martin, der Freund von Manuel.

Paco: Ich freue mich, dich kennen zu lernen. Wie geht's? Setz dich! Sonia, Liebling, gib Martin einen Aperitif während ich in der Küche alles fertig mache ...

Sonia: Worauf hast du Lust? Auf einen Manzanilla-Sherry? Ich nehme auch einen. Manuel sagt, du bleibst zwei Wochen in Conil. Du wirst sehen, dass die Umgebung sehr schön ist. Man kann Ausflüge zu Pferd machen ...

Paco: Achtung, Martin! Sonias Ausflüge sind etwas für Athleten, aber du musst mitgehen: Sie lohnen sich. Du bist Deutscher, nicht wahr?

Martin: Ja, ich bin Deutscher aus Stuttgart und da ich nichts geplant habe, finde ich die Idee fantastisch. Nur, dass ich als Reiter eine Katastrophe bin.

Sonia: Tja, man muss kein guter Reiter sein für einen Spaziergang, man muss nicht einmal reiten. Man kann ganz ruhig zu Fuß gehen.

Cultura

Einladungen nach Hause sind eine ganz besondere Geste. Deshalb wird nach einer alten arabischen Tradition der Gast manchmal ganz förmlich mit **Mi casa es tu/su casa** – Mein Haus ist dein/Ihr Haus – begrüßt. Als Mitbringsel empfiehlt sich etwas Süßes aus der Konditorei – **dulces de la pastelería**; Blumen oder Wein schenkt man eher selten.

▶ Comunicación?

Te presento a / Éste es Martin, el amigo de Manuel.
Ich stelle dir Martin vor / Das ist Martin, der Freund von Manuel.
¡*Encantado de conocerte / Mucho gusto*!
Ich freue mich dich kennen zu lernen / Angenehm!
¡*Ponle a Martin / Tómate* un aperitivo mientras termino todo!
Gib Martin / Nimm dir einen Aperitif, während ich alles fertig mache!
¿Qué te apetece? ¿*Una Manzanilla / Un cortado*?
Worauf hast du Lust? Auf einen Manzanilla-Sherry / Espresso mit etwas Milch?
Se pueden hacer excursiones *a caballo / en bicicleta de montaña*.
Man kann Ausflüge zu Pferd / mit dem Mountainbike machen.
No tengo nada planeado / La idea me parece fantástica.
Ich habe nichts geplant / Die Idee finde ich fantastisch.
Soy *alemán / austriaco.*
Ich bin Deutscher / Österreicher.
Soy / Vengo de Stuttgart / Vienna.
Ich bin / komme aus Stuttgart / Wien.

A2 Ejercicio de comunicación

Sagen Sie es auf Spanisch.
Vorsicht, nicht alle Sätze stehen wörtlich im Dialog.

1. Willkommen bei uns zu Hause, Marco.

___

2. Danke für die Einladung.

___

3. Marco, ich stelle dir meine Cousins Emilio und Andrés vor.

____

4. Ich freue mich, euch kennen zu lernen!

____

5. Setz dich, während ich das Essen fertig mache.

____

6. Möchtest du einen Aperitif?

____

A3 Ejercicio de vocabulario

Wie nennt man diese Verwandtschaftsbeziehungen? Geben Sie zusätzlich den bestimmten Artikel und die männliche und weibliche Form an.

A	B	C	D
Es el marido de mi madre.	Es el hijo del hermano de mi padre.	Es el hijo de mis padres.	Ha sido mi novio.

A ______________________________

B ______________________________

C ______________________________

D ______________________________

A4 Ejercicio de gramática

Bilden Sie unpersönliche Sätze mit den Verben in Klammern.

1. (alquilar) ____________ bicicletas de montaña.
2. (vender) ____________ un caballo.
3. (hablar) ____________ alemán.
4. (aceptar) ____________ todas las tarjetas de crédito.
5. (servir) ____________ el desayuno hasta las diez y media.
6. (ofrecer) ____________ cursos de español.

→ Die richtigen Lösungen finden Sie auf Seite 158.

▶ Los parientes – *Die Verwandten*

el padre	*Vater*	la novia	*feste Freundin/ Braut*
la madre	*Mutter*		
el hijo	*Sohn*	el cuñado	*Schwager*
la hija	*Tochter*	la cuñada	*Schwägerin*
el hermano	*Bruder*	el suegro	*Schwiegervater*
la hermana	*Schwester*	la suegra	*Schwiegermutter*
el abuelo	*Großvater*	el yerno	*Schwiegersohn*
la abuela	*Großmutter*	la nuera	*Schwiegertochter*
el nieto	*Enkel*	el tío	*Onkel (auch: Typ)*
la nieta	*Enkelin*	la tía	*Tante (auch: Tussi)*
el marido	*Ehemann*	el sobrino	*Neffe*
la esposa	*Ehefrau*	la sobrina	*Nichte*
el novio	*fester Freund/ Bräutigam*	el primo	*Cousin*
		la prima	*Cousine*

▶ Forma impersonal del verbo – *Unpersönlicher Ausdruck*

Um eine unpersönliche Aussage im Spanischen zu machen, benutzen Sie das Pronomen *se* und das Verb in der 3. Person Singular bzw. Plural.

Se necesit**a** pacienci**a**.	*Man braucht Geduld.*
Se prepar**an** las ensalad**as**.	*Man bereitet die Salate vor.*

Im Deutschen entspricht dem entweder das „man" oder eine Passivstruktur.

Se vend**e** un piso.	*Ein Appartement wird verkauft.*
Se compr**an** libros viejos.	*Alte Bücher werden angekauft.*

▶ Nombres geográficos – *Geographische Namen*

Die meisten deutschen Bundesländer können – mit kleinen Adaptationen – direkt ins Spanische übertragen werden.

Bayern	Baviera	*Niedersachsen*	Baja Sajonia
Rheinland-Pfalz	Renania-Palatinado	*Brandenburg*	Brandeburgo
Nordrhein-Westfalen	Renania del Norte	*Sachsen*	Sajonia
		Thüringen	Turingia

PARQUES NATURALES

Los Parques Naturales son áreas protegidas que apenas han sufrido alteraciones por la acción del hombre. Por lo tanto constituyen un especial valor medioambiental - tanto científico como ecológico. La variedad geológica y climática es realmente sorprendente: desde zonas montañosas y bosques hasta dunas del desierto.

Las áreas se distinguen según su nivel de protección: En las llamadas "Áreas Naturales" existen medidas de protección para la flora y fauna. De un mayor nivel de protección gozan las "Reservas Naturales": se trata de pequeñas zonas que suelen estar reservadas para la protección de un ecosistema natural frágil. Para poder entrar en una reserva natural se necesita un permiso especial – una medida para controlar y restringir el acceso.

Dentro de las áreas naturales protegidas se les conceden sin embargo numerosas posibilidades a turistas y visitantes: Por ejemplo existen áreas de descanso (zonas acomodadas con mesas y bancos para sentarse, barbacoas y agua corriente). Muchos parques disponen además de áreas de camping. En algunas zonas existen incluso áreas de camping gratuitas donde es preciso disponer de un equipo y provisiones propias porque se trata generalmente de instalaciones sencillas sin tiendas de aprovisionamiento para sus visitantes.

Cultura

In vielen Naturparks gibt es gut ausgebaute und markierte Wege: Wanderwege werden mit weißen Farbstrichen an Bäumen, Steinen und Pfosten markiert, Radwege für Mountainbiker sind an der roten Farbe zu erkennen.

Página web

Detaillierte Informationen zu den Naturschönheiten aller andalusischen Regionen finden Sie auch im Internet: http://www.esp.andalucia.com/flora/home.html

Una experiencia especial

Paco: ¿Ya estáis de vuelta?

Sonia: Hola, cariño, estamos muertos de hambre. ¿Qué has hecho todo el día?

Paco: He estado trabajando, pero la cena está lista. ¡Qué callado estás, Martin! ¿Te encuentras bien?

Martin: Sí, estoy bien, pero muy cansado. Tienes razón: las excursiones de Sonia son geniales. Hemos caminado por el pinar hasta el río y entonces por el sendero de las rocas hasta llegar a la sierra.

Paco: Sonia, ¿no te parece un poco exagerado?

Martin: No, qué va. Ha sido fantástico, hemos visto muchas aves – cigüeñas y hasta un águila – y árboles antiguos y unas plantas con unas flores de colores increíbles. Hemos pasado cerca de una finca de toros bravos. Y por la montaña hemos encontrado un lago solitario con peces. ¡Cuántos animales hemos visto!

Paco: Total: que lo habéis pasado bien, ¿verdad?

Sonia: Sí, pero lo que necesitamos es una ducha.

Paco: ¿Qué dices, Martin? ¿Te quedas a dormir aquí?

B1 Control ✔

Was stimmt? Was stimmt nicht? Machen Sie einen ✔ für richtig.

1. Sonia und Martin kommen erst spät vom Ausflug zurück.
2. Martin ist sehr erschöpft vom Tag.
3. Martin hat der Ausflug sehr gut gefallen.
4. Sonia möchte vor dem Abendessen noch schnell duschen.

 → Die richtigen Lösungen finden Sie auf Seite 158.

Eine besondere Erfahrung

Paco: Ihr seid schon zurück?

Sonia: Hallo, Liebling, wir sterben vor Hunger. Was hast du den ganzen Tag gemacht?

Paco: Ich war arbeiten, aber das Abendessen ist fertig. Wie still du bist, Martin! Geht es dir gut?

Martin: Ja, ich bin in Ordnung, aber sehr müde. Du hast Recht: Sonias Ausflüge sind genial. Wir sind durch den Pinienwald bis zum Fluss gegangen und dann auf dem Felsenweg bis in die Berge.

Paco: Sonia, findest du das nicht etwas übertrieben?

Martin: Nein, ach was. Es war fantastisch, wir haben viele Vögel gesehen – Störche und sogar einen Adler – und alte Bäume und Pflanzen mit Blumen in unglaublichen Farben. Wir sind bei einer Stierzucht vorbeigekommen. Und in den Bergen haben wir einen einsamen See mit Fischen gefunden. Wie viele Tiere wir gesehen haben!

Paco: Kurz und gut: Ihr hattet Spaß, oder?

Sonia: Ja, aber was wir jetzt brauchen ist eine Dusche.

Paco: Was meinst du, Martin? Schläfst du heute Nacht hier?

Cultura

Die Fauna und Flora der Iberischen Halbinsel bieten dem Naturliebhaber eine unvergleichliche Artenvielfalt. Einer der größten Nationalparks Andalusiens ist Doñana südlich von Sevilla. Bereits im 12. Jahrhundert war es das bevorzugte Jagdrevier der spanischen Könige und ist heute besonders als Vogelparadies bekannt.

Página web

http://www.donana.com/

▶ **Comunicación**

¿Ya *estás / estáis* de vuelta?
Du bist / Ihr seid schon zurück?

¿*Qué has hecho todo el día / Lo habéis pasado bien*?
Was hast du den ganzen Tag gemacht / Hattet ihr Spaß?

He estado *trabajando / leyendo*.
Ich habe gearbeitet / gelesen.

¿*Te encuentras / Se encuentra* bien?
Geht es dir / Ihnen gut?

Estoy *bien / muerto de hambre*.
Ich bin in Ordnung / sterbe vor Hunger.

Hemos *visto / caminado cerca de* una finca de toros bravos.
Wir haben eine Stierzucht gesehen / sind bei einer Stierzucht vorbeigegangen.

Lo que necesito es *un baño caliente / una ducha*.
Was ich brauche, ist ein heißes Bad / eine Dusche.

¿*Te quedas / Os quedáis* a dormir aquí?
Schläfst du / Schlaft ihr heute Nacht hier?

B2 Ejercicio de comunicación

Sagen Sie es auf Spanisch.
Vorsicht, nicht alle Sätze stehen wörtlich im Dialog.

1. Wir sterben vor Hunger.

____

2. Ist das Essen schon fertig?

____

3. Du bist ja so still!

____

4. Ich bin müde.

5. Geht es euch gut?

6. Wir hatten gestern Abend viel Spaß.

B3 Ejercicio de vocabulario

In diesem Kreuzwortpuzzle sind neun natürliche Schönheiten versteckt. Ergänzen Sie jeweils den Artikel und die Pluralform.

1. ____
2. ____
3. ____
4. ____
5. ____
6. ____
7. ____
8. ____
9. ____

L	O	Z	G	M	O	F	A	J	I
G	H	J	K	H	B	L	N	R	K
P	Ñ	O	L	A	G	O	P	Ü	M
L	E	A	S	N	U	R	E	F	O
A	P	O	I	I	W	Q	Y	Q	N
N	C	X	C	M	K	L	K	L	T
T	V	R	C	A	G	U	I	L	A
A	R	B	O	L	T	O	D	B	Ñ
B	O	T	K	L	W	A	P	M	A
O	C	W	D	F	I	S	H	I	S
R	A	V	E	M	Z	T	C	K	T

B4 Ejercicio de gramática

Setzen Sie die richtige Form des Hilfverbs *haber* in die Lücke ein.

1. Nosotros no ____ visitado el parque zoológico.
2. A mí, me ____ gustado los animales.
3. Seguro que nunca (vosotros) ____ entrado en una cueva como ésta.
4. "Carlos, ____ hablado con los otros?"
5. "Lo ____ probado, pero nadie ____ contestado el teléfono."

8

→ Die richtigen Lösungen finden Sie auf Seite 158.

▶ Perfecto – *Perfekt*

Für vergangene Ereignisse des aktuellen Tages benutzen Sie im Spanischen das Perfekt. Sie brauchen dafür eine Form des Hilfsverb *haber* und für die Verben auf *-ar* die Endung *-ado*.

yo	**he** est**ado**	*ich bin gewesen*
tú	**has** camin**ado**	*du bist gegangen*
él/ella/usted	**ha** visit**ado**	*er/sie/Sie hat besucht*
nosotros	**hemos** habl**ado**	*wir haben gesprochen*
vosotros	**habéis** tom**ado**	*ihr habt getrunken*
ellos/ellas/ustedes	**han** telefone**ado**	*sie/Sie haben telefoniert*

▶ Naturaleza – *Natur*

el paisaje	*Landschaft*	la fauna	*Fauna*
la montaña	*Berg*	el animal	*Tier*
el pico	*Gipfel*	el ganado	*Vieh*
el valle	*Tal*	el perro	*Hund*
la meseta	*Hochebene*	el gato	*Katze*
el desierto	*Wüste*	el ratón	*Maus*
la cueva	*Höhle*	el burro	*Esel*
la duna	*Düne*	el lobo	*Wolf*
la fuente	*Quelle*	el lince	*Luchs*
la desembocadura	*Mündung*	la liebre	*Hase*
		el ciervo	*Hirsch*
la flora	*Flora*	el pájaro	*Vogel*
el bosque	*Wald*	el loro	*Papagei*
el pino	*Pinie*	el canario	*Kanarienvogel*
la palmera	*Palme*	la paloma	*Taube*
el olivo	*Olivenbaum*	el pez	*Fisch*
la higuera	*Feigenbaum*	la concha	*Muschel*
la mata	*Busch*	el insecto	*Insekt*
la hierba	*Gras*	la mariposa	*Schmetterling*
la hoja	*Blatt*	la abeja	*Biene*
la raíz	*Wurzel*	la hormiga	*Ameise*
la rama	*Ast*	el escarabajo	*Käfer*

B5 Ejercicio de revisión

1. Nennen Sie drei Teile eines Baumes.

   __________, __________, __________

2. Nennen Sie zwei besonders eindrucksvolle Landschaftsformen.

   __________, __________

3. Nennen Sie drei wilde Tiere.

   __________, __________, __________

4. Nennen Sie ein Haustier.

   ____

5. Nennen Sie zwei Vogelarten.

   __________, __________

Le toca a usted

Schreiben Sie Ihre persönlichen Sätze auf Spanisch auf. Beantworten Sie die Fragen in ganzen Sätzen.

¿De qué región alemana es usted?

____

¿Está usted casado?

____

¿Tiene hijos? ¿Cómo se llama(n)?

____

¿Tiene hermanos o es usted hijo único/hija única?

____

¿Dónde trabaja?

____

→ Die richtigen Lösungen finden Sie auf Seite 158.

abuelo, el	*Großvater*
aceptar	*annehmen*
águila, el	*Adler*
alemán	*deutsch, Deutscher*
alrededores, los	*Umgebung*
animal, el	*Tier*
antiguo	*alt, antik*
árbol, el	*Baum*
ave, el	*Vogel*
bicicleta de montaña, la	*Mountainbike*
bicicleta, la	*Fahrrad*
bravo	*wild*
caballo, el	*Pferd*
callado	*schweigsam*
camino, el	*Weg*
cansado	*müde*
casado	*verheiratet*
conocer	*kennen*
cueva, la	*Höhle*
¡cuidado!	*Vorsicht!*
desastre, el	*Unglück*
en casa	*zu Hause*
¡encantado!	*Sehr erfreut!*
encontrar	*finden*
encontrarse	*sich fühlen*
esposa, la	*Ehefrau*
excursión, la	*Ausflug*
fantástico	*fantastisch*
finca, la	*Landsitz, Gutshof*
flor, la	*Blume*
gato, el	*Katze*
genial	*genial, toll*
hermano, el	*Bruder*
hijo, el	*Sohn*
idea, la	*Idee*
increíble	*unglaublich*
invitación, la	*Einladung*
ir a pie	*laufen*
jinete, el	*Reiter*
lago, el	*See*
listo	*fertig*
marido, el	*Ehemann*
merecer la pena	*es wert sein*
montar a caballo	*reiten*
oficio, el	*Beruf*
pasarlo bien	*Spaß haben, sich amüsieren*
paseo, el	*Spaziergang*
perro, el	*Hund*
pez, el	*Fisch*
planta, la	*Pflanze*
presentar	*vorstellen*
prima, la	*Cousine*
río, el	*Fluss*
roca, la	*Felsen*
solitario	*einsam*
soltero	*ledig*
tener planeado	*geplant haben*
terminar	*fertig werden*
tío, el	*Onkel*
trabajar	*arbeiten*

Tomar el sol …Unidad 9
Sich sonnen

In dieser Unidad lernen Sie, wie die Anweisungen zur Dosierung eines Medikaments beachten.

Grammatik:

Sie lernen, wie Sie sagen, wo genau Ihnen etwas wehtut.
Perfekt, Körperteile, Dativpronomen, Monate

Wortfelder:

Baden, Strand, Apotheke, Medikamente

Wörter aus dieser Unidad, die Sie vielleicht schon gesehen und verstanden haben:
el biquini • el hospital • el medicamento • el gel • la aspirina

Sombrilla

Sonnenschirm

9

En la playa

Martin: ¿Nos quedamos aquí? Estamos cerquita del agua.
Paco: No, mira cuánta gente hay, vámonos por allí, que estamos más tranquilos.
Sonia: Ni hablar que quiero alquilar una tumbona y una sombrilla. Allí no puedo lucir mi biquini nuevo.
Paco: Pero si hemos traido esterillas y toallas y además hemos venido para tomar el sol, no para escondernos debajo de una sombrilla. Dime, ¿has cogido el equipo de buceo?
Sonia: Se me ha olvidado en casa, lo siento, cariño.
Paco: ¡Qué más da! Entonces a descansar. Échame un poco de bronceador por la espalda, ¿quieres?
Sonia: ¿Donde está? Tú lo tienes, pues dámelo. ¿Qué os parece si alquilamos un patín?
Martin: Buena idea, pero primero voy a bañarme. ¿Podéis vigilar un momento mis cosas mientras estoy en el agua?
Sonia: Tranquilo, hombre, pero ten ciudado que aquí hay medusas.
Martin: Vaya, ¿y tiburones también?
Paco: No, tonto, pero sí que hemos visto medusas y erizos de mar, así que vigila un poco y métete ya que el agua está buena.

A1 Control ✔

Was stimmt? Was stimmt nicht? Machen Sie einen ✔ für richtig.

1. Die drei sind an einem fast menschenleeren Strand.
2. Sonia möchte einen Liegestuhl mieten.
3. Paco hat seine Schwimmflossen zu Hause vergessen.
4. Sie warnen Martin vor Quallen.

→ Die richtigen Lösungen finden Sie auf Seite 159.

Am Strand

Martin: Bleiben wir hier? Wir sind ganz nah am Wasser.
Paco: Nein, schau, wie viele Leute hier sind, gehen wir dort hin, da haben wir es ruhiger.
Sonia: Auf keinen Fall, denn ich möchte einen Liegestuhl und einen Sonnenschirm mieten. Dort kann ich meinen neuen Bikini nicht vorführen.
Paco: Aber wir haben doch Strandmatten und Badetücher mitgebracht und außerdem sind wir gekommen um uns zu sonnen und nicht um uns unter einem Sonnenschirm zu verstecken. Sag mal, hast du meine Tauchausrüstung eingepackt?
Sonia: Ich habe sie zu Hause vergessen, tut mir Leid, Schatz.
Paco: Was soll's! Dann eben ausruhen. Reib mir den Rücken mit ein bisschen Sonnencreme ein, bitte!
Sonia: Wo ist sie? Du hast sie, dann gib sie mir. Was haltet ihr davon, wenn wir ein Tretboot mieten?
Martin: Gute Idee, aber zuerst gehe ich schwimmen. Könnt ihr einen Augenblick auf meine Sachen aufpassen, während ich im Wasser bin?
Sonia: Alles klar, Mann, aber pass auf, denn hier gibt es Quallen.
Martin: Echt, und Haie auch?
Paco: Nein, Dummkopf, aber wir haben sehr wohl Quallen und Seeigel gesehen, also pass ein bisschen auf und geh schon ins Wasser, es ist toll.

Cultura

Es gibt Strände und Strände: Mögen Sie es sandig, fragen Sie nach einer **playa de arena/arenosa** oder erkundigen Sie sich nach einer Felsenküste, einer **playa de rocas/ pedregosa**. An allen bewachten Strandabschnitten warnt gegebenenfalls eine rote Fahne vor Gefahren und signalisiert ein absolutes Badeverbot. Gleiches gilt für das Schild **Prohibido bañarse** (Baden verboten).

▶ Comunicación

¿Nos *quedamos aquí / vámos por allí*?
Bleiben wir hier / Gehen wir dort hin?
Quiero alquilar *un equipo de buceo / una tumbona*.
Ich möchte eine Tauchausrüstung / einen Liegestuhl mieten.
Se me ha olvidado la *toalla / esterilla*.
Ich habe das Handtuch / die Strandmatte vergessen.
¡*Qué más da / Ni hablar*!
Was soll's / Auf keinen Fall!
Échame un poco de bronceador por la espalda, ¿quieres?
Reib mir den Rücken mit ein bisschen Sonnencreme ein, bitte.
¿*Podéis / Puedes* vigilar mis cosas mientras estoy en el agua?
Könnt ihr / Kannst du auf meine Sachen aufpassen während ich im Wasser bin?
¡*Ten / Tenga* cuidado! Hay medusas.
Sei / Seien Sie vorsichtig! Es gibt Quallen.
El agua está *fría / buena*.
Das Wasser ist kalt / toll.

A2 Ejercicio de comunicación

Sagen Sie es auf Spanisch.
Vorsicht, nicht alle Sätze stehen wörtlich im Dialog.

1. Kannst du mir den Rücken mit Sonnencreme einreiben?

____

2. Kann man hier einen Sonnenschirm mieten?

____

3. Gibt es Tretboote an diesem Strand?

____

4. Ich habe meine Sonnencreme zu Hause vergessen.

____

5. Kannst du kurz auf meine Tasche aufpassen?

___

6. Das Wasser ist sehr kalt.

___

A3 Ejercicio de vocabulario

Setzen Sie das passende Verb in die Lücke ein.

olvidar • lucir/llevar • ir • vigilar • tomar • tener • traer • echarse • alquilar

1. ___ el sol
2. ___ bronceador por la espalda
3. ___ un patín
4. ___ una toalla en casa
5. ___ un traje de baño nuevo
6. ___ ciudado
7. ___ las cosas un momento
8. ___ al agua
9. ___ una esterilla de casa

A4 Ejercicio de gramática

Setzen Sie die richtige Form des Verbs in die Lücke ein.

1. Ha ___ (ser) una excursión genial.
2. Hemos ___ (ir) hasta el río.
3. Allí he ___ (ver) aves.
4. Algunos han ___ (hacer) un viaje a Melilla.
5. Han ___ (volver) por la mañana siguiente.
6. Un compañero me ha ___ (escribir) una carta.
7. La radio de Juan se ha ___ (romper).
8. La he ___ (abrir) para repararla,
   pero no he ___ (poder).

→ Die richtigen Lösungen finden Sie auf Seite 159.

▶ Perfecto – *Perfekt*

Das Perfekt beschreibt im Spanischen alles, was am heutigen Tag, in der aktuellen Woche bzw. in diesem Jahr passiert ist. Für die Bildung brauchen Sie das Hilfsverb *haber* und das Partizip des Verbs. Das Partizip bildet man anhand der Endung des Verbs im Infinitiv. Für Verben auf *-ar* benutzt man *-ado*, bei Verben auf *-er* bzw. *-ir* die Endung *-ido*:

com**er**	**He** com**ido** bien.
tra**er**	¿**Has** tra**ido** el mapa?
ser	**Ha sido** fantástico.
ir	**Hemos ido** a la playa.
dorm**ir**	**Habéis** dorm**ido** mucho.
sal**ir**	**Han** sal**ido** a pasear.

Einige Verben haben jedoch unregelmäßige Partizipien, daher hier einige der wichtigsten:

ver	He **visto** un pez.
hacer	Has **hecho** un viaje a Canarias.
ponerse	Se ha **puesto** un biquini nuevo.
decir	Hemos **dicho** que no.
romper	Habéis **roto** mis gafas de sol.
volver	Han **vuelto** de las vacaciones.
abrir	El chiringuito ya ha **abierto**.
escribir	He **escrito** una postal.

▶ Los meses – *Die Monate*

enero	*Januar*	julio	*Juli*
febrero	*Februar*	agosto	*August*
marzo	*März*	setiembre	*September*
abril	*April*	octubre	*Oktober*
mayo	*Mai*	noviembre	*November*
junio	*Juni*	diciembre	*Dezember*

MEDICAMENTOS

POSOLOGÍA Y MODO DE EMPLEO
Vía oral. Adultos y niños mayores de 12 años: La dosis ususal es de 1 cápsula cada 6 u ocho horas (3 o 4 veces al día). En ningún caso deben tomarse más de 8 cápsulas al día. Si los síntomas no mejoran al cabo de 5 días o si se acompañan de fiebre alta, se debe consultar con el médico antes de continuar con el tratamiento.

INTOXICACIÓN Y SU TRATAMIENTO
Consulte inmediatamente a su médico o farmacéutico. En caso de sobredosis o ingestión accidental, acuda inmediatamente a un centro médico o consulte al Servicio de Información Toxicológica (tfno. 91 562-04-20), indicando el medicamento y la cantidad ingerida.

CONTRAINDICACIONES
No tome estas cápsulas: si tiene la tensión alta (hipertensión arterial), si padece del corazón y tiene alergia a alguno de los componentes de este preparado; las mujeres en período de lactancia; los niños menores de 12 años; si está tomando algún medicamento para la depresión o enfermedad de Parkinson. Conducción y uso de máquinas: Nuestro medicamente puede hacerle sentir somnoliento y disminuir su capacidad de concentración y sus reflejos. No conduzca ni utilice maquinaria peligrosa en las que una falta de atención pueda ponerle a Usted o a los demás en peligro.

Cultura

Apotheken oder **farmacias** erkennen Sie schon von weitem am grünen Kreuz. Auf der Iberischen Halbinsel wird vieles in der Apotheke direkt behandelt und versorgt – ohne ärztlichen Rat einzuholen. Deutlich mehr Medikamente als hierzulande sind frei verkäuflich – **sin receta médica** – und oftmals auch billiger. Somit kommt dem Apotheker bzw. seiner fachlichen Kompetenz eine besondere Rolle zu.

En la farmacia

Martin: Ayúdeme: Me siento muy mal. Hoy he estado en la playa, y me he dormido. Creo que me he quemado un poco. La cuestión es que me duele la espalda, y también me duelen los hombros y las piernas.

Farmacéutica: Sí, está muy colorado, le pica mucho la piel?

Martin: Sí, mucho, mucho.

Farmacéutica: ¿Tiene dolor de cabeza o náuseas?

Martin: La cabeza, sí que me duele y me siento flojo, un poco mareado, pero nada de náuseas.

Farmacéutica: Tenga un gel contra el picor y estas aspirinas contra el dolor. Écheselo tres veces al día y de las aspirinas puede tomarse dos diarías. Toméselas después de comer. ¡Descanse y sobre todo, beba agua! Su cuerpo necesita agua para recuperarse. ¡Nada de sol durante el resto de la semana! Se lo digo en serio: ¡Ojo con el sol!

Martin: Desde luego que no tengo ganas de playa.

Farmacéutica: Si no se encuentra mejor dentro de dos días le recomiendo consultar a un médico. Si se encuentra peor esta noche, es mejor ir al hospital. Una insolación no es una cosa leve.

B1 Control ✔

Was stimmt? Was stimmt nicht? Machen Sie einen ✔ für richtig.

1. Martin hat einen Sonnenbrand und Kopfschmerzen.
2. Die Apothekerin warnt ihn vor den Folgen eines Sonnenstichs.
3. Sie empfiehlt ihm sofort einen Arzt aufzusuchen.
4. Er darf in der nächsten Zeit nicht in der Sonne liegen.

→ Die richtigen Lösungen finden Sie auf Seite 159.

In der Apotheke

Martin: Helfen Sie mir: Ich fühle mich sehr schlecht. Ich war heute am Strand und bin eingeschlafen. Ich glaube, dass ich einen kleinen Sonnenbrand habe. Das Problem ist, dass mir der Rücken weh tut, und die Schultern und die Beine tun mir auch weh.

Apothekerin: Ja, Sie sind ganz rot, juckt die Haut sehr?

Martin: Ja, sehr stark.

Apothekerin: Haben Sie Kopfschmerzen oder Übelkeitsgefühle?

Martin: Der Kopf tut mir wirklich weh und ich fühle mich schwach, ein wenig schwindelig, aber keine Übelkeit.

Apothekerin: Hier haben Sie ein Gel gegen das Jucken und diese Aspirin gegen die Schmerzen. Tragen Sie das Gel dreimal täglich auf und von den Aspirin können Sie zwei am Tag nehmen. Nehmen Sie sie nach dem Essen ein. Ruhen Sie sich aus und vor allem trinken Sie Wasser! Ihr Körper braucht Wasser um sich zu erholen. Keine Sonne für den Rest der Woche! Ich meine es ernst: Vorsicht mit der Sonne!

Martin: Ich habe wirklich keine Lust mehr auf Strand.

Apothekerin: Wenn Sie sich in zwei Tagen nicht besser fühlen, empfehle ich Ihnen einen Arzt zu konsultieren. Wenn Sie sich heute Nacht schlechter fühlen, gehen Sie besser ins Krankenhaus. Ein Sonnenstich ist keine Kleinigkeit.

Cultura

Allgemeine Ärzte firmieren als **médico general**, Zahnärzte unter **dentista** und Kinderärzte unter **pediatra**. Schnelle Hilfe finden Sie in der Notfallambulanz des Krankenhauses – **urgencias**.

▶ **Comunicación**

¡*Ayúdame* / *Ayúdeme*!
Hilf / Helfen Sie mir!

Me *duele la espalda* / *duelen los hombros*.
Mir tut der Rücken / tun die Schultern weh.

¿Tiene *dolor de cabeza* / *náuseas*?
Haben Sie Kopfschmerzen / Übelkeitsgefühle?

Me siento *flojo* / *mareado*.
Ich fühle mich schwach / schwindelig.

Tómeselas despúes de comer / *Écheselo tres veces al día*.
Nehmen Sie sie nach dem Essen ein / Tragen Sie es dreimal täglich auf.

Le recomiendo consultar a un *médico* / *especialista*.
Ich empfehle Ihnen einen Arzt / Spezialisten aufzusuchen.

Es mejor ir *al hospital* / *a la farmacia*.
Es ist besser ins Krankenhaus / in die Apotheke zu gehen.

Una insolación no es *una cosa leve* / *nada grave*.
Ein Sonnenstich ist keine Kleinigkeit / ist nichts Ernstes.

B2 Ejercicio de comunicación

Sagen Sie es auf Spanisch.
Vorsicht, nicht alle Sätze stehen wörtlich im Dialog.

1. Ich habe starke Kopfschmerzen.

____

2. Haben Sie etwas gegen Übelkeit?

____

3. Ist es etwas Ernstes?

____

4. Ich fühle mich schwach.

___

5. Ist es besser, zu einem Arzt zu gehen?

___

6. Soll ich die Tropfen vor oder nach dem Essen nehmen?

___

B3 Ejercicio de vocabulario

Ordnen Sie die Buchstaben und ergänzen Sie gegebenenfalls den Artikel.

1. MAQODEU: ___
2. ELG: ___
3. SOCONILINA: ___
4. RICAP: ___
5. LAPESDA: ___
6. LOJOF: ___
7. ROMBOH: ___
8. ADOMERA: ___

B4 Ejercicio de gramática

Ergänzen Sie die Sätze mit den passenden Pronomen.

Beispiel: *Al guardia* ___ *preguntamos el camino.*
→ *Al guardia le preguntamos el camino.*

1. A nosotros ___ duelen los pies.
2. A Sonia ___ queda muy bien el biquini.
3. A Paco ___ gusta más bucear.
4. El farmacéutico ___ da un gel a Martin.
5. A los turistas ___ gusta tomar el sol.
6. A tí, ¿qué ___ duele?

→ Die richtigen Lösungen finden Sie auf Seite 159.

▶ Pronombres de dativo – *Dativpronomen*

Wenn Sie das Verb *doler* benutzen, verwenden Sie es mit den Pronomen, die Sie schon von den reflexiven Verben her kennen:

A mi, **me duele** la cabeza.	*Mir tut der Kopf weh.*
¿A ti, **te duelen** los pies?	*Tun dir die Füße weh?*
A nosotros, **nos duelen** las espaldas.	*Uns tun die Rücken weh.*
¿A vosotras, **os duelen** los hombros?	*Tun euch die Schultern weh?*

Anders sind nur die Formen der 3. Personen:

A Martin, **le duele** la espalda.	*Martin tut der Rücken weh.*
A los niños, **les duelen** los ojos.	*Den Kindern tun die Augen weh.*

▶ Partes del cuerpo – *Körperteile*

la cabeza	*Kopf*	la mano	*Hand*
el ojo	*Auge*	el dedo	*Finger*
la nariz	*Nase*	el estómago	*Magen*
la boca	*Mund*	la barriga	*Bauch*
el labio	*Lippe*	la cadera	*Hüfte*
el diente	*Zahn*	los genitales	*Genitalien*
el cuello	*Hals*	el trasero	*Hintern*
la nuca	*Nacken*	la pierna	*Bein*
el hombro	*Schulter*	la rodilla	*Knie*
la espalda	*Rücken*	el tobillo	*Knöchel*
el pecho	*Brust*	el pie	*Fuß*
el brazo	*Arm*		

B5 Ejercicio de revisión

Schreiben Sie, möglichst ohne nachzuschlagen, diese schwierigeren Vokabeln und Ausdrücke auf.

1. der Kinderarzt ______________________
2. die Strandmatte ______________________
3. die Sonnencreme ______________________
4. konsultieren ______________________
5. das Tretboot ______________________
6. der Seeigel ______________________
7. der Hai ______________________
8. die Haut ______________________
9. das Jucken ______________________
10. sich erholen ______________________

Le toca a usted

Schreiben Sie Ihre persönlichen Sätze auf Spanisch auf. Beantworten Sie die folgenden Fragen in ganzen Sätzen.

Nehmen Sie irgendwelche Medikamente?

____

Haben Sie Allergien, wenn ja wogegen?

____

Hatten Sie schon mal einen Sonnenstich?

____

Bevorzugen Sie einen Sandstrand oder eine Felsenküste?

____

Liegen Sie lieber in der Sonne oder ziehen Sie einen aktiven Urlaub vor?

____

→ Die richtigen Lösungen finden Sie auf Seite 159.

abrir	*öffnen*
ayudar	*helfen*
bañador, el	*Badehose*
bañarse	*baden*
barriga, la	*Bauch*
brazo, el	*Arm*
bronceador, el	*Sonnencreme*
cabeza, la	*Kopf*
colorado	*rot*
consultar	*aufsuchen*
contra	*gegen*
cuello, el	*Hals*
cuerpo, el	*Körper*
dentista, el	*Zahnarzt*
después	*nach*
diario	*täglich*
doler	*schmerzen*
dolor, el	*Schmerz*
echarse	*sich einreiben*
en ayunas	*nüchtern*
en serio	*ernst*
erizo de mar, el	*Seeigel*
espalda, la	*Rücken*
farmacia, la	*Apotheke*
flojo	*schwach*
gente, la	*Leute*
gota, la	*Tropfen*
grave	*ernsthaft, schwerwiegend*
hombro, el	*Schulter*
insolación, la	*Sonnenstich*
leve	*leicht*
mareado	*schwindelig*
medicamento, el	*Medikament*
médico, el	*Arzt*
medusa, la	*Qualle*
mejor	*besser*
meterse	*hineingehen*
mirar	*schauen*
náusea, la	*Übelkeit*
¡ni hablar!	*Auf keinen Fall!*
nuevo	*neu*
olvidar	*vergessen*
pediatra, el	*Kinderarzt*
peor	*schlechter*
picar	*jucken*
picor, el	*Juckreiz*
piel, la	*Haut*
playa, la	*Strand*
¡qué más da!	*Was soll's!*
quemar	*verbrennen*
recuperarse	*sich erholen*
romper	*kaputt machen*
roto	*kaputt, gebrochen*
sentirse	*sich fühlen*
sombrilla, la	*Sonnenschirm*
tener alergia	*allergisch sein*
tener ciudado	*vorsichtig sein*
tiburón, el	*Hai*
toalla, la	*Handtuch*
tomar el sol	*sonnenbaden*
traje de baño, el	*Badeanzug*
tumbona, la	*Liegestuhl*
vigilar	*aufpassen, bewachen*

romanos

Römer

In dieser Unidad lernen Sie, wie Sie sich über historische Begebenheiten informieren.

Grammatik:

Sie lernen, wie man von Ereignissen aus der Vergangenheit erzählt.

Superlativ, **Indefinido**

Wortfelder:

Sehenswürdigkeiten, Volksfeste

Wörter aus dieser Unidad, die Sie vielleicht schon gesehen und verstanden haben:
comercial • la colonia • la catedral • la cultura • América

Paseando por Cádiz

Martin: Cádiz es una ciudad relativamente antigua, ¿verdad?

Paco: Sí, la fundaron los fenicios en 1100 a. C. como una colonia comercial, más tarde estuvieron aquí los cartagineses, hasta que llegaron los romanos. Los romanos la convirtieron en un puerto comercial importante.

Martin: ¡Tan antigua es esta ciudad! Pero sin embargo no es tan famosa como Córdoba o Granada.

Paco: No, ésta claro que Cádiz se hundió bajo el dominio de los visigodos y los moriscos. Aquí no hay ningún monumento tan deslumbrante para los turistas como la Mezquita de Córdoba o la Alhambra. Pero Cádiz volvió a tener un papel importante a principios del siglo XVI, como puerto de partida de los viajes a la recién descubierta América.

Martin: Pero el casco antiguo tiene un aire morisco ...

Paco: Eso es cierto. Parte de las murallas de la ciudad del siglo XVIII aún están en pie. Si te interesa, visitamos la Catedral de la ciudad y las iglesias de Santa Cruz y San Felipe Neri. Y también La Santa Cueva que alberga varios cuadros de Goya.

A1 Control ✔

Was stimmt? Was stimmt nicht? Machen Sie einen ✔ für richtig.

1. Paco führt Martin durch Cádiz.
2. Cádiz ist eine sehr alte Stadt.
3. Die Römer gründeten Cádiz als Handelshafen.
4. Später war Cádiz der Ausgangspunkt vieler Seereisen in die Neue Welt.

→ Die richtigen Lösungen finden Sie auf Seite 160.

Schlendern durch Cadiz

Martin: Cadiz ist eine ziemlich alte Stadt, stimmt's?

Paco: Ja, die Phönizier gründeten sie 1100 v. Chr. als eine Handelskolonie, später waren die Karthager hier, bis die Römer kamen. Die Römer verwandelten sie in einen wichtigen Handelshafen.

Martin: So alt ist diese Stadt! Aber dennoch ist sie nicht so berühmt wie Cordoba oder Granada.

Paco: Nein, Cadiz ist ganz klar unter der Herrschaft der Westgoten und der Mauren untergegangen. Hier gibt es keine für Touristen so eindrucksvollen Denkmäler wie die Moschee von Cordoba oder die Alhambra. Cadiz spielte aber wieder zu Beginn des XVI. Jahrhunderts eine wichtige Rolle als Ausgangshafen für die Reisen in das gerade entdeckte Amerika.

Martin: Aber die Altstadt hat maurisches Flair ...

Paco: Das stimmt. Ein Teil der Stadtmauern aus dem XVIII. Jahrhundert steht noch. Wenn es dich interessiert, besichtigen wir die Kathedrale der Stadt und die Heilig-Kreuz-Kirche und die Sankt-Phillip-Neri-Kirche. Und auch die Santa Cueva, die einige Goya-Gemälde beherbergt.

Cultura

Die Mittelmeerregion hat eine bewegte Geschichte. Viele Völker haben hier gelebt und geherrscht und ihre Spuren hinterlassen. So hatte etwa die 700-jährige Präsenz der Römer in Hispanien auch entscheidende Konsequenzen für die Festlegung der grundlegenden Grenzen anderer europäischer Länder. Informationen rund um Andalusien finden Sie auch im Internet.

Página web

http://www.esp.andalucia.com/

▶ Comunicación

Es *una ciudad antigua / un puerto moderno.*
Es ist eine alte Stadt / ein moderner Hafen.
Los *fenicios / romanos* la fundaron en *1100 a. C. / 300 d. C.*
Die Phönizier / Römer gründeten sie 1100 v. Chr. / 300 n. Chr.
Cádiz tiene un papel importante a *principios del siglo XVI / finales del siglo XV.*
Cadiz spielt zu Beginn des 16. / zum Ende des 15. Jahrhunderts eine wichtige Rolle.
Parte de las murallas están en *pie / ruinas.*
Ein Teil der Stadtmauern steht noch / ist eine Ruine.
Aquí no hay monumentos *moriscos / para turistas.*
Hier gibt es keine maurischen Sehenswürdigkeiten / Sehenswürdigkeiten für Touristen.
La Santa Cueva alberga *pinturas / obras / cuadros* de Goya.
Die Santa Cueva beherbergt Gemälde / Werke / Bilder von Goya.
Si *os / te* interesa, visitamos *la catedral / el castillo.*
Wenn es euch / dich interessiert, besichtigen wir die Kathedrale / das Schloss.
El *casco antiguo / barrio* tiene un aire morisco.
Die Altstadt / Das Viertel hat maurisches Flair.

A2 Ejercicio de comunicación

Sagen Sie es auf Spanisch.

Vorsicht, nicht alle Sätze stehen wörtlich im Dialog.

1. Die Mauren gründeten die Stadt im 12. Jahrhundert, nicht wahr?

   ____

2. Spielte sie nicht eine wichtige Rolle für die Reisen nach Amerika?

   ____

3. Ich möchte gern die Alhambra besichtigen.

   ____

4. Steht die alte Moschee noch?

____

5. Die Festung ist eine Ruine.

____

6. Mich interessiert die Kathedrale der Stadt sehr.

____

A3 Ejercicio de vocabulario

Suchen Sie zehn Begriffe in diesem Kreuzwortpuzzle.

Z	E	L	Q	T	D	A	M	S	M	C	O	P	V	A
I	M	F	D	O	M	I	N	I	O	J	T	I	E	L
G	U	Ü	U	E	Y	G	Y	Q	R	M	F	P	T	H
V	R	H	Ñ	V	U	O	W	P	I	N	T	U	R	A
C	A	S	T	I	L	L	O	B	S	L	Q	E	P	D
N	L	M	Q	E	T	N	F	H	C	Y	N	R	C	O
K	L	B	M	C	J	C	F	I	O	K	U	T	H	B
C	A	T	E	D	R	A	L	V	X	K	G	O	W	V
J	X	W	Z	S	F	S	Z	O	T	Ü	Z	K	L	H
L	E	H	Q	D	A	C	U	G	E	B	U	J	L	E
I	O	T	U	U	F	O	Y	A	T	N	S	I	V	Q
M	T	V	I	Q	N	M	L	T	Y	O	W	L	Ñ	Ñ
Y	A	N	T	I	G	U	O	Y	A	V	U	Q	W	M
A	P	J	A	G	C	B	K	I	L	X	F	E	Z	K

A4 Ejercicio de gramática

Ergänzen Sie das Verb in der passenden Form des Indefinido.

1. El descubrimiento de América ________________ (transformar) a Sevilla en una ciudad importantísima.
2. Sevilla ____________________ (llegar) a ser el puerto más importante de España.
3. En la capital andaluza se ______________ (celebrar) dos Ferias Mundiales (1929 y 1992).
4. Martin ___________________ (visitar) Sevilla en su viaje de Málaga a Cádiz.
5. No ____________________ (entrar) en el Archivo de Indias, pero sí en el Palacio del Alcázar.
6. Sólo ______________________ (quedarse) medio día en esta bella ciudad.

10

→ Die richtigen Lösungen finden Sie auf Seite 160.

▶ Indefinido – *Indefinido*

Das so genannte Indefinido verwenden Sie, wenn etwas in der Vergangenheit liegt und keinen Bezug mehr zur Gegenwart hat. Anders als beim Perfekt brauchen Sie hier kein Hilfsverb für die Bildung:

	mir**ar**	*ansehen*	
yo	mir**é**	nosotros/nosotras	mir**amos**
tú	mir**aste**	vosotros/vosotras	mir**ásteis**
él/ella/usted	mir**ó**	ellos/ellas/ustedes	mir**aron**

Die Verben auf *-er* bzw. *-ir* haben die gleichen Endungen.

	volv**er**	*zurückkommen*	
yo	volv**í**	nosotros/nosotras	volv**imos**
tú	volv**iste**	vosotros/vosotras	volv**ísteis**
él/ella/usted	volv**ió**	ellos/ellas/ustedes	volv**ieron**

	viv**ir**	*leben*	
yo	viv**í**	nosotros/nosotras	viv**imos**
tú	viv**iste**	vosotros/vosotras	viv**ísteis**
él/ella/usted	viv**ió**	ellos/ellas/ustedes	viv**ieron**

Doch natürlich gibt es auch hier einige – und leider wichtige, da häufig benutzte – Ausnahmen:

	estar	*sich befinden*	
yo	**estuve**	nosotros/nosotras	**estuvimos**
tú	**estuviste**	vosotros/vosotras	**estuvísteis**
él/ella/usted	**estuvo**	ellos/ellas/ustedes	**estuvieron**

	ser / ir	*sein / gehen*	
yo	**fui**	nosotros/nosotras	**fuimos**
tú	**fuiste**	vosotros/vosotras	**fuísteis**
él/ella/usted	**fue**	ellos/ellas/ustedes	**fueron**

JEREZ DE LA FRONTERA

El vino de Jerez es sin duda el vino español más conocido en el mundo entero gracias a su sabor y carácter especial. Ha sido exportado durante siglos y en la actualidad sigue gozando de especial prestigio en todo el mundo anglosajón. Las bodegas Jerezanas se pueden visitar; estas visitas guiadas incluyen generalmente muestras de los vinos.

Se distinguen diferentes estilos y tipos de vinos: Existe el Jerez fino, un vino seco de color pálido que se suele tomar bien frío. El fino procedente de Sanlúcar de Barrameda se denomina “Manzanilla”. Algo más dulce y más oscuro de color es la variedad “Amontillado”. El “Oloroso” presenta un perfume intenso, “Moscatel” y “Cream” son vinos dulces de la región.

Pero Jerez de la Frontera es también famosa por sus caballos: Aficionados del arte ecuestre disfrutarán en una visita en la Real Escuela Andaluza de Arte Ecuestre de Jerez de la Frontera, donde tanto jinetes como caballos demuestran su especial destreza. De especial interés es el espectáculo los jueves cuando las demonstraciones se engalanan con espectaculares vestimentas.

Cultura

Der Sherry wird aus tulpenförmigen Gläsern, den **copitas** getrunken. Außer **Manzanilla** und **Fino** werden alle anderen Sorten nur leicht gekühlt serviert. Empfehlenswert ist eine aufrechte Lagerung im Kühlschrank. Alles Wissenswerte rund um den Sherry finden Sie auch im Internet.

Página web

http://www.sherry.org/

Fiestas populares: Sevilla

Martin está leyendo algo sobre las fiestas andaluzas en una guía de Andalucía que acaba de comprar en una librería.

»Bienvenidos a Sevilla: Sevilla no sólo es la capital andaluza y la mayor ciudad del Sur de España, sino también la ciudad de Carmen, Don Juan y del Fígaro, es decir, del amor, de la pasión y del buen humor. Y la capital andaluza es conocida en todo el país por su peculiar ambiente alegre y festivo.

En esta cuidad puede asistir a dos de las mayores fiestas de España: la Semana Santa y la Feria de Abril. La Semana Santa es un colorido festival religioso – los encapuchados de las cofradías sevillanas desfilan por las calles de la ciudad a compañando a los costaleros que a su vez portan los pesados pasos con preciosísimas imágenes religiosas de Cristos, Vírgenes y Santos. En toda la ciudad reina una fiebre religiosa que afecta a creyentes y a ateos.

También en primavera se celebra la Feria de Abril de Sevilla que dura una semana: Para albergar a todos los visitantes de esta fiesta alegre y risueña se montan más de un millar de casetas donde se baila y canta, se rie y goza durante siete días y noches. En todo el recinto ferial, caballeros andaluces se pasean en sus caballos engalanados, y muchas de las mujeres lucen vistosos trajes de gitana.«

B1 Control ✔

Was stimmt? Was stimmt nicht? Machen Sie einen ✔ für richtig.

1. Sevilla ist die größte Stadt Andalusiens.
2. Ein besonderer Höhepunkt ist die Karwoche.
3. Bruderschaften organisieren die Aprilkirmes.
4. Im Mittelpunkt der Osterumzüge steht immer ein einfaches Kreuz.

 → Die richtigen Lösungen finden Sie auf Seite 160.

Volksfeste: Sevilla

Martin liest gerade etwas über die andalusischen Feste in einem Andalusienführer, den er soeben in einer Buchhandlung gekauft hat.

„Willkommen in Sevilla: Sevilla ist nicht nur die andalusische Hauptstadt und die größte Stadt in Südspanien, sondern auch die Stadt Carmens, Don Juans und des Figaro, das heißt der Liebe, der Leidenschaft und der guten Laune. Die andalusische Hauptstadt ist im ganzen Land für ihr besonderes, fröhliches und festliches Ambiente bekannt.

In dieser Stadt kann an zwei der größten Feste Spaniens teilgenommen werden: die Karwoche und die Aprilkirmes. Die Karwoche ist ein farbenfrohes, religiöses Fest, bei dem die sevillanischen Bruderschaften in Kapuzen gehüllt durch die Straßen der Stadt defilieren und die Tragemannschaften begleiten, die ihrerseits die sehr kostbaren, religiösen Standbilder von Jesus-, Jungfrauen- und Heiligenfiguren tragen. In der ganzen Stadt herrscht ein religiöses Fieber, das Gläubige und Atheisten berührt.

Ebenfalls im Frühling wird die Aprilkirmes von Sevilla, die eine Woche dauert, gefeiert. Um alle Besucher dieses fröhlichen und heiteren Festes unterzubringen, werden mehr als tausend Buden aufgebaut, wo man sieben Tage und Nächte tanzt und singt, lacht und sich amüsiert. Auf dem ganzen Messegelände reiten andalusische Männer auf ihren herausgeputzten Pferden im Schritt und viele der Frauen präsentieren auffällige Flamencokleider."

Cultura

Jedes Dorf feiert mindestens einmal im Jahr seinen Schutzheiligen – **patrono** – mit einer eigenen **fiesta mayor**. Umzüge (**desfiles**, **procesiones** oder **cabalgatas**), musikalische Darbietungen (**recitales**) und Tanzveranstaltungen (**bailes**) gehören ebenso dazu, wie ein Feuerwerk – **fuegos artificiales**. Ein lokales Fest entspricht meist einem mehrtägigen Verkehrschaos mit teilweise komplett lahmgelegter Infrastruktur.

▶ **Comunicación**

Martin *acaba de comprar / está leyendo* una guía.
Martin hat gerade einen Reiseführer gekauft / liest gerade in einem Reiseführer.
Sevilla es la *capital andaluza / mayor ciudad del Sur de España*.
Sevilla ist die andalusische Hauptstadt / größte Stadt Südspaniens.
Es conocida en todo el *país / mundo* por su peculiar ambiente.
Sie ist im ganzen Land / auf der ganzen Welt für ihr besonderes Ambiente bekannt.
En esta ciudad puede asistir a *varias fiestas / varios conciertos*.
In dieser Stadt kann an verschiedenen Festen / Konzerten teilgenommen werden.
En primavera se celebra la *Feria de Abril / Semana Santa*.
Im Frühling wird die Feria de Abril / Karwoche gefeiert.
Es un festival *religioso / cristiano*.
Es ist ein religiöses / christliches Fest.
En toda la ciudad reina *una fiebre religiosa / un ambiente alegre*.
In der ganzen Stadt herrscht ein religiöses Fieber / eine fröhliche Stimmung.
La fiesta dura *una semana / siete días y noches*.
Das Fest dauert eine Woche / sieben Tage und Nächte.

B2 Ejercicio de comunicación

Sagen Sie es auf Spanisch.
Vorsicht, nicht alle Sätze stehen wörtlich im Dialog.

1. Welches Fest wird hier gefeiert?

___

2. Wo gibt es die größte Prozession?

___

3. Um wie viel Uhr beginnt das Feuerwerk?

____

4. Ich habe gerade etwas über die Bruderschaften gelesen.

____

B3 Ejercicio de vocabulario

Ordnen Sie die Buchstaben und ergänzen Sie ggf. den Artikel.

1. ONTORPA: ____________
2. TAFESI: ____________
3. CABERLER: ____________
4. ARIFE: ____________
5. TAACSE: ____________
6. OSTACLREO: ____________
7. CERONOSIP: ____________
8. GENRIV: ____________

B4 Ejercicio de gramática

Ergänzen Sie die passenden Artikel und Präpositionen und bilden Sie Sätze mit dem Superlativ.

Beispiel: *olivares de Jaén – ser – grandes – España*

→ *Los olivares de Jaén son los más grandes de España.*

1. sevillanos – ser – gente – alegre – España
   → ____
2. Alhambra – ser – monumento – conocido – Andalucía
   → ____
3. iglesia cristiana – ser – antigua – Europa
   → ____
4. Sonia – ser – mala – cocinera – mundo
   → ____
5. paella valenciana – ser – plato – famoso – España
   → ____
6. español – ser – lengua – hablada – América Latina
   → ____
7. Cádiz – ser – una de ciudades – antiguas – España
   → ____

→ Die richtigen Lösungen finden Sie auf Seite 160.

▶ Superlativo – *Superlativ*

Um im Spanischen den Superlativ zu bilden, hängen Sie an die Grundform des Adjektivs ein *-ísimo* / *-ísima*. Durch diese Endung können sich orthographische Veränderungen wie im Fall von *rico* oder auch Betonungsverschiebungen wie bei *cómodo* ergeben.

interesante	Un libro interesant**ísimo**.
hermoso	Unos jardines hermos**ísimos**.
rico	Una comida riqu**ísima**.
cómodo	Unas botas comod**ísimas**.

Für relative Superlativformen – das sind Angaben, die sich auf eine bestimmte Menge oder Auswahl beziehen – benutzen Sie den bestimmten Artikel + *más* mit dem Adjektiv (mit angepasster Endung) + *de* und der Bezugsangabe.

conocido	Es **el** festival **más** conocid**o de** Andalucía.
alegre	Es **la** gente **más** alegr**e de** España.
bravo	Son **los** toros **más** brav**os de** la región.
guapa	Son **las** chicas **más** guap**as del** pueblo.

Bei den vier wichtigsten unregelmäßigen Formen entfällt die Steigerungsform *más*. Außerdem stehen diese Adjektive vor und nicht nach dem Nomen.

grande	Es **la mayor** catedral **de** España.
pequeño	Sin **la menor** duda.
bueno	Son **los mejores** vinos **del** mundo.
malo	Es **el peor** restaurante **de** la ciudad.

B5 Ejercicio de revisión

Ergänzen Sie das Verb in der passenden Form des Indefinido.

Cádiz se ____________ (fundar) en 1100 a. C. Los fundadores ____________ (ser) fenicios. Más tarde ____________ (llegar) los cartagineses quienes ____________ (dominar) la ciudad y la península hasta que Cartago ____________ (hundirse) bajo el Imperio Romano. Para los romanos la ciudad ____________ (ser) un puerto importante. En el siglo XV, Colón ____________ (salir) en tres barcos para buscar el camino a las Indias y ____________ (descubrir) el continente americano. Cádiz ____________ (ser) el puerto de partida para los viajes a América.

Le toca a usted

Schreiben Sie Ihre persönlichen Sätze auf Spanisch auf.
Beantworten Sie folgende Fragen in ganzen Sätzen.
Welcher Konfession gehören Sie an?

____

Sind Sie religiös?

____

Waren Sie schon einmal in der Karwoche in Spanien?

____

Haben Sie Sevilla schon einmal während der Feria de Abril besucht?

____

Mögen Sie die Werke Goyas?

____

→ Die richtigen Lösungen finden Sie auf Seite 160.

a finales de	*Ende …*
a principios de	*zu Beginn*
afectar	*befallen*
albergar	*beherbergen*
alegre	*fröhlich*
cantar	*singen*
capital, la	*Hauptstadt*
casco antiguo, el	*Altstadt*
castillo, el	*Burg*
catedral, la	*Kathedrale, Dom*
celebrar	*feiern*
cierto	*sicher, richtig*
cofradía, la	*Bruderschaft*
colonia, la	*Kolonie*
comercial	*Handels-*
conocido	*bekannt*
convertir	*verwandeln*
cuadro, el	*Gemälde*
denominar	*nennen*
descubierto	*entdeckt*
descubrir	*entdecken*
deslumbrante	*atemberaubend*
distinguir	*unterscheiden*
dominio, el	*Herrschaft*
durar	*dauern*
en ruinas	*zerstört, eine Ruine sein*
engalanado	*herausgeputzt, geschmückt*
estar en pie	*stehen*
famoso	*berühmt*
feria, la	*Messe, Kirmes*
festivo	*festlich*
fiebre, la	*Fieber*
fiesta, la	*Fest*
fundar	*gründen*
gozar	*genießen*
guía, la	*Reiseführer*
hundirse	*versinken, untergehen*
imágen, la	*Bild*
importante	*wichtig*
leer	*lesen*
librería, la	*Buchhandlung*
mayor	*größer*
mezquita, la	*Moschee*
montar	*aufbauen*
morisco	*maurisch*
muralla, la	*(Stadt-)Mauer*
olor, el	*Geruch*
peor	*schlechter, schlechtester*
pintura, la	*Malerei*
precioso	*prachtvoll*
prestigio, el	*Ansehen*
procesión, la	*Prozession*
puerto comercial, el	*Handelshafen*
puerto, el	*Hafen*
reinar	*herrschen*
reir	*lachen*
religioso	*religiös*
San	*Heiliger*
Santa	*Heilige*
siglo, el	*Jahrhundert*
tarde	*spät*
tener un papel importante	*eine wichtige Rolle spielen*
traje de gitana, el	*Flamencokleid*
transformar	*verwandeln*
virgen, la	*Jungfrau*
visitante, el	*Besucher*

Los números cardinales – *Die Kardinalzahlen*

0 cero	11 once	22 veintidós	100 cien
1 uno/un/una	12 doce	23 veintitrés	101 ciento uno
2 dos	13 trece	30 treinta	200 doscientos
3 tres	14 catorce	31 treinta y uno	500 quinientos
4 cuatro	15 quince	32 treinta y dos	699 seiscientos noventa y nueve
5 cinco	16 dieciséis	40 cuarenta	
6 seis	17 diecisiete	50 cincuenta	1000 mil
7 siete	18 dieciocho	60 sesenta	20000 veinte mil
8 ocho	19 diecinueve	70 setenta	100000 cien mil
9 nueve	20 veinte	80 ochenta	1000000 un millón
10 diez	21 veintiuno	90 noventa	2000000 dos millones

Los números ordinales – *Die Ordinalzahlen*

1º ___ primer(-o)	1ª___ primera
2º ___ segundo	2ª___ segunda
3º ___ tercer(-o)	3ª___ tercera
4º ___ cuarto	4ª___ cuarta
5º ___ quinto	5ª___ quinta
6º ___ sexto	6ª___ sexta
7º ___ séptimo	7ª___ séptima
8º ___ octavo	8ª___ octava
9º ___ noveno	9ª___ novena
10º ___ décimo	10ª___ décima

Los meses – *Die Monate*

enero	*Januar*	julio	*Juli*
febrero	*Februar*	agosto	*August*
marzo	*März*	setiembre	*September*
abril	*April*	octubre	*Oktober*
mayo	*Mai*	noviembre	*November*
junio	*Juni*	diciembre	*Dezember*

Los días de la semana – *Die Wochentage*

lunes	*Montag*	viernes	*Freitag*
martes	*Dienstag*	sábado	*Samstag*
miércoles	*Mittwoch*	domingo	*Sonntag*
jueves	*Donnerstag*	fin de semana	*Wochenende*

Los puntos cardinales – *Die Himmelrichtungen*

norte (septentrional)	*Norden*
sur (meridional)	*Süden*
este (oriental)	*Osten*
oeste (occidental)	*Westen*

Nombres geográficos – *Geografische Namen*

Baviera	*Bayern*
Renania-Palatinado	*Rheinland-Pfalz*
Renania del Norte	*Nordrhein-Westfalen*
Baja Sajonia	*Niedersachsen*
Brandeburgo	*Brandenburg*
Sajonia	*Sachsen*
Turingia	*Thüringen*

Verbos – *Verben*

Es gibt im Spanischen drei regelmäßige Verbkonjugationen, die anhand ihrer Endungen unterschieden werden:

	habl**ar**	com**er**	viv**ir**
	sprechen	*essen*	*leben*
yo	habl**o**	com**o**	viv**o**
tú	habl**as**	com**es**	viv**es**
él, ella, usted	habl**a**	com**e**	viv**e**
nosotros,-as	habl**amos**	com**emos**	viv**imos**
vosotros, -as	habl**áis**	com**éis**	viv**ís**
ellos, ellas, ustedes	habl**an**	com**en**	viv**en**

Ein paar wichtige unregelmäßige Verben:

	ser	estar	tener
	sein	*sich befinden*	*haben*
yo	soy	estoy	tengo
tú	eres	estás	tienes
él, ella, usted	es	está	tiene
nosotros, -as	somos	estamos	tenemos
vosotros, -as	sois	estáis	tenéis
ellos, ellas, ustedes	son	están	tienen

Ein paar wichtige unregelmäßige Verben:

	ir	venir	decir
	gehen	*kommen*	*sagen*
yo	voy	vengo	digo
tú	vas	vienes	dices
él, ella, usted	va	viene	dice
nosotros, -as	vamos	venimos	decimos
vosotros, -as	vais	venís	decís
ellos, ellas, ustedes	van	vienen	dicen

Für die Vergangenheit gibt es verschiedene Verbformen: Dazu gehören das Perfekt (mit Bezug zur Gegenwart) und das so genannte Indefinido (abgeschlossene Vergangenheit). Beim Perfekt werden das Verb *haber* und das Partizip II kombiniert:

	haber	habl**ar**	com**er**	viv**ir**
	haben	*sprechen*	*essen*	*leben*
yo	**he**	habl**ado**	com**ido**	viv**ido**
tú	**has**	habl**ado**	com**ido**	viv**ido**
él, ella, usted	**ha**	habl**ado**	com**ido**	viv**ido**
nosotros,-as	**hemos**	habl**ado**	com**ido**	viv**ido**
vosotros, -as	**habéis**	habl**ado**	com**ido**	viv**ido**
ellos, ellas, ustedes	**han**	habl**ado**	com**ido**	viv**ido**

Wichtige unregelmäßige Partizip II-Formen:

ser: **sido**	volver: **vuelto**	escribir: **escrito**
ir: **ido**	decir: **dicho**	hacer: **hecho**
decir: **dicho**	abrir: **abierto**	romper: **roto**

Das Indefinido hat folgende Endungen:

	habl**ar**	com**er**	viv**ir**
	sprechen	*essen*	*leben*
yo	habl**é**	com**í**	viv**í**
tú	habl**aste**	com**iste**	viv**iste**
él, ella, usted	habl**ó**	com**ió**	viv**ío**
nosotros,-as	habl**amos**	com**emos**	viv**imos**
vosotros, -as	habl**asteis**	com**isteis**	viv**ísteis**
ellos, ellas, ustedes	habl**aron**	com**ieron**	viv**ieron**

Einige unregelmäßige Verbformen:

	ser/ir *sein/gehen*	estar *sich befinden*	tener *haben*
yo	fui	estuve	tuve
tú	fuiste	estuviste	tuviste
él, ella, usted	fue	estuvo	tuvo
nosotros, -as	fuimos	estuvimos	tuvimos
vosotros, -as	fuisteis	estuvisteis	tuvisteis
ellos, ellas, ustedes	fueron	estuvieron	tuvieron

	saber *wissen*	venir *kommen*	decir *sagen*
yo	supe	vine	dije
tú	supiste	veniste	dijiste
él, ella, usted	supo	vino	dijo
nosotros, -as	supimos	venimos	dijimos
vosotros, -as	supisteis	venisteis	dijisteis
ellos, ellas, ustedes	supieron	vinieron	dijeron

Pronombres – *Pronomen*

nominativo	**acusativo**	**dativo**	**posesivo**
yo	me	me	mi
tú	te	te	tu
él	lo	le	su
ella	la	le	su
usted	lo/la	le	su
nosotros, -as	nos	nos	nuestro, -a
vosotros, -as	os	os	vuestro, -a
ellos	los	les	sus
ellas	las	les	sus
ustedes	los/las	les	sus

Kombiniert man Dativpronomen in der 3. Person mit einem Akkusativpronomen, ergeben sich folgende Varianten:

le + la ⟶ se la   le + me ⟶ se me   les + los ⟶ se los

Unidad 1

A1: 2. Martin sucht eine Toilette.
4. Der Beamte hilft Martin mit dem Gepäck.

A2:

1. Dónde	5. la
2. favor	6. un
3. caballeros	7. a
4. gracias	8. De

A3:

estación/Bahnhof	bolso/Tasche
equipaje/Gepäck	aeropuerto/Flughafen
pasaporte/Pass	maleta/Koffer
aduana/Zoll	

A4:

1. un, -s	5. un, -s	9. una, -es
2. un, -s	6. un, -es	10. una, -s
3. una, -es	7. un, -es	
4. un, -s	8. un, -s	

B1: 2. Er sucht ein Einzelzimmer.
4. Vom Flughafen fahren Busse ins Stadtzentrum.

B2: 1. Perdón, busco la parada de autobús.
2. ¿Hay un hotel en el centro de la ciudad?
3. Necesito una habitación doble.
4. ¿Hay aquí un plano de Málaga?
5. ¿Hay un tren para ir al aeropuerto?
6. Buenos días, busco la taquilla de información turística.

B3:

1. habitación	4. ciudad	7. necesitar
2. autobús	5. carretera	8. tienda
3. pregunta	6. empleada	

B4:

1. buscan	3. miramos	5. necesito
2. estás – Estoy	4. pregunta	6. está

B5:

1. la habitación individual	6. el centro de la ciudad
2. la indicación	7. la salida
3. la taquilla	8. el plano de la ciudad
4. el mapa	9. el tren
5. la parada	10. la calle

Unidad 2

A1: 1. Der Angestellte empfiehlt Martin einen Mietwagen für das ganze Wochenende.
3. Die Mehrwertsteuer ist im Preis enthalten.

A2: 1. ¿Tiene un folleto con todos los modelos? + b
2. Quiero alquilar un coche con aire acondicionado. + c
3. ¿Y para devolver el coche? + d
4. ¿Tienen una oferta de fin de semana? + a

A3: 1. (miércoles) ⟶ semana
2. (billete) ⟶ folleto
3. (viajan) ⟶ alquilan
4. (conductor) ⟶ seguro
5. (kilometro) ⟶ kilometraje
6. (alquilan) ⟶ rellenan
7. (coche) ⟶ conducir
8. (parada) ⟶ oficina

A4: 1. soy
2. somos
3. Sois
4. somos – soy – son
5. Soy
6. está
7. Está

B1: 1. Das Hotel hat noch Einzelzimmer frei.
2. Martin möchte zwei Nächte bleiben.

B2: 1. ¿Tienen una habitación libre para el fin de semana?
2. Quiero ver la habitación primero.
3. ¿Son tranquilas las habitaciones?
4. ¿Dónde debo *oder* tengo que firmar?
5. El comedor, ¿está en la planta baja?
6. ¿Hay un ascensor?

B3: El uno de enero es Año Nuevo.
El uno de mayo es el día del Trabajo.
El diecinueve de marzo es Ascensión.
El uno de noviembre es Todos los Santos.
El seis de diciembre es el día de la Constitución.
El veinticinco de diciembre es Navidad.

B4: 1. suben
2. prefiero
3. tiene
4. servimos
5. dormís
6. creo
7. decides
8. hace

B5: 1. cinco céntimos
2. ciento cuarenta y nueve euros
3. tres euros
4. veintiocho euros
5. ochenta y nueve euros
6. ciento sesenta y ocho euros
7. trescientos setenta y cinco euros

Unidad 3

A1: 3. Er möchte einen Bekannten in Málaga anrufen.

A2: 1. urbana
2. indicativo
3. quisiera
4. parte – quién
5. llamar
6. Cuándo – Dígale

A3:

									T
									E
				M					L
L	L	A	M	A	D	A			E
	I			R			D		F
I	N	D	I	C	A	T	I	V	O
	E			A			R		N
	A			R			E		O
							C		
							T		
		N	U	M	E	R	O		

A4: 1. Son las diez (de la noche).
2. Son las siete y media.
3. Son las cuatro menos cuarto (de la tarde).
4. Es la una y diez.
5. Son las doce y cuarto.
6. Son las ocho menos venticinco (de la tarde).

B1: 2. Die beiden verabreden sich zum Abendessen.

B2: 1. ¿Dónde está Correos *oder* la oficina de correos?
2. ¿Hay aquí un bar?
3. ¿En el semáforo debo girar a la izquierda o a la derecha?
4. Debe seguir recto hasta el hotel "Córdoba".
5. En el cuarto semáforo debéis girar a la derecha.

B3: la copa, copas
el semáforo, semáforos
la mano, manos
el puente, puentes
la esquina, esquinas
el parque, parques
el vino, vinos
el tiempo, tiempos

B4: 1. (enfrente del) → en el
2. (por el) → al lado del
3. (delante de) → por
4. (en) → a
5. Me levanto
6. os llamáis
7. te quedas
8. Nos vemos

B5: 1. vuestro estanco
2. tu número de teléfono
3. nuestro indicativo
4. su tarjeta de crédito
5. sus indicaciones
6. vuestro bar favorito
7. su idioma
8. mi tarjeta telefónica
9. sus monedas
10. su pantalla

Unidad 4

A1: 1. Manuel freut sich sehr über das Wiedersehen mit Martin.
2. Martin besucht einen Sprachkurs.
4. Martin möchte gerne die Käsekroketten probieren.

A2: 1. Tomo una ración de aceitunas.
2. ¿Qué hace usted aquí en Andalucía?
3. ¿Qué tomáis?
4. ¿Quieres probar?
5. Hacemos aquí un curso de español.
6. Entonces pido las dos clases.

A3: 1. tomar 2. jamón 3. croquetas – queso *oder* pollo
4. pollo *oder* queso 5. tapa 6. aceitunas

A4: 1. ese – bueno 2. calientes – aquellas 3. saladas – excelentes
4. este – pequeñito 5. seco 6. ibérico

B1: 1. Die Kellnerin führt die beiden zu ihrem reservierten Tisch.
4. Manuel bestellt beim Kellner eine Flasche Rotwein.

B2: 1. ¿Me puede recomendar las gambas?
2. Tengo una mesa reservada a nombre de Guzmán.
3. ¿Qué tal está el gazpacho?
4. Esta ensalada de marisco está deliciosa.
5. Tráigame el vino de la casa, por favor.

B3:

			P										
			L				L						
		H	A	M	B	R	E						M
			T				N						A
R	I	C	O				G						R
							U		C				I
E	N	S	A	L	A	D	A		A				S
		E					D		R				C
		D		V	I	N	O		T	I	N	T	O
									A				
B	O	T	E	L	L	A							

B4: 1. Tráigame *oder* Tráiganos
2. mirad
3. levántate – sube
4. Decide
5. pregunten
6. Pedid

B5: 1. el camarero
2. el postre
3. frito
4. ¡Qué aproveche! *oder* ¡Buen provecho!
5. el helado de vainilla
6. la reserva
7. el jerez seco
8. la cuenta
9. rico *oder* delicioso
10. el menú del día

Unidad 5

A1: 2. In den letzten Tagen hat es geregnet.
3. Das Wetter wird zum Wochenende besonders schön.

A2: 1. ¿Qué tiempo va a hacer el sábado?
2. Las temperaturas suben a 30 grados.
3. ¿Hace sol el fin de semana?
4. Va a llover.
5. Mañana el tiempo va a ser inestable.
6. El cielo está nuboso.

A3: 1. nubes de lluvia
2. prognóstico
3. mal tiempo
4. sopla – viento
5. temperaturas
6. disfrutar

A4: 1. ir
2. Voy
3. vas
4. va
5. vais – vamos
6. van

B1: 2. Ronda ist ein kleines Städtchen in der Nähe von Málaga.
4. Manuel schlägt vor, tanzen zu gehen.

B2: 1. Hola, señor Sanmartí, ¿adónde va?
2. ¿Qué plan tiene para esta tarde?
3. No lo sé aún.
4. Si quiere podemos ir juntos a bucear.
5. Vale, entonces nos vemos a las cinco.

B3: 1. iglesia
2. monumento
3. enseñar
4. periódico
5. nadar
6. bucear

B4: 1. Si quieres, puedes mirar en mi periódico.
2. ¿Aún no sabe nadar?
3. Podéis empezar a las siete.
4. A mi me gusta la historia.
5. A nosotros nos gusta la plaza de toros de Ronda.
6. A ella le gustan los toros.

B5: 1. frío 2. tiempo 3. nuboso 4. buen 5. suben 6. tormentosas
7. chubascos 8. inestable 9. demasiado 10. prognóstico

Unidad 6

A1: 1. Es gibt keine direkte Verbindung von Málaga nach Cádiz.
3. Der erste Zug fährt in Málaga um Viertel vor acht ab.
4. In Sevilla gibt es verschiedene Bahnhöfe.

A2: 1. ¿Hay un tren directo a Tarifa?
2. Un billete de ida y vuelta a Bilbao, por favor.
3. ¿Sale algún tren más tarde a Ronda?
4. ¿Cuándo llego a Málaga?
5. ¿Dónde tengo que hacer transbordo?

A3:

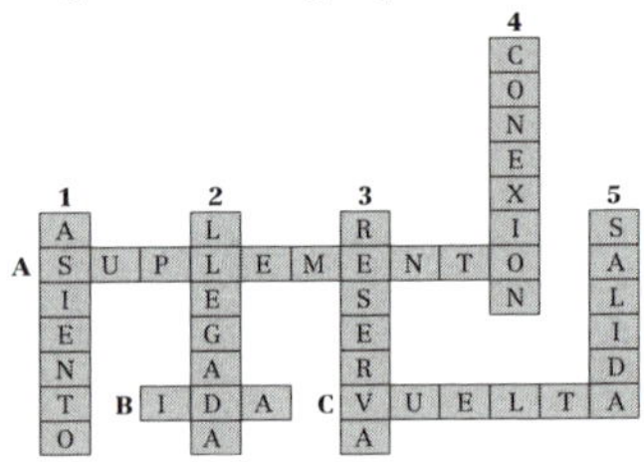

A4: 1. A dónde 2. Cuándo 3. Cuál 4. De dónde 5. Dónde 6. Cuánto

B1: 2. Martin ist auf dem richtigen Bahnsteig.

B2: 1. ¿De dónde sale el tren para Granada?
2. ¿Es éste el tren de Algeciras?
3. El tren trae quince minutos de retraso.
4. ¿Está ocupado el asiento?
5. Aquí tenemos un lío *oder* problema.

B3:

el andén	la vía	el destino	la entrada
el retraso	el rápido	el revisor	la circulación

B4: 1. Estoy esperando el tren de Barcelona.
2. El viajero está mirando el horario de trenes.
3. Estamos comiendo en el coche-restaurante.
4. Mis amigos están buscando algo en sus asientos.
5. El viajero está recogiendo sus cosas.
6. El revisor está controlando los billetes.

B5: 1. tranquilo *oder* tranquilamente
2. la clase preferente
3. recoger
4. lo siento
5. el coche-restaurante
6. el lío *oder* problema
7. leer
8. tener razón
9. la velocidad
10. ¡Cuidado! *oder* ¡Ojo!

Unidad 7

A1: 3. Der Preis für den Fächer erscheint Martin sehr hoch.

A2: 1. ¿Que precio tienen las uvas?
2. Quiero un kilo de uvas.
3. Nada más, gracias.
4. Póngame también medio kilo de melocotones, por favor.
5. Quiero melocotones maduros.
6. Una bolsa, por favor.

A3:

abanico	maduro	pesar	bolsa
melocotón	caro	rico	

A4: 1. litros
2. caja – botellas
3. kilo
4. gramos
5. tapa – ración

B1: 1. Martin findet keine Schuhe in seiner Größe.
2. Er sucht eine neue Hose.
3. Er bevorzugt dunkle Farben.

B2: 1. Busco unos zapatos marrones.
2. ¿Qué número calzas?
3. 39 o 40, tengo que probármelos.
4. ¿Cómo te *oder* le vienen los zapatos?
5. Me quedan demasiado estrechos.
6. Tráigame un modelo más grande, por favor.

B3: 1. die Hose
2. der Schuh
3. bar *oder* in bar
4. die Karte
5. die Umkleidekabine
6. das Schaufenster
7. die Baumwolle
8. die (Kleider-)Größe
9. leicht
10. die Jeans

B4: 1. El cliente la quiere.
2. Lo esperamos.
3. Los pago en efectivo.
4. Martin lo prefiere.
5. ¡Compáralos!
6. Me lo llevo.

B5: 1. Sí, tráigala.
2. Sí, lléveselo.
3. Sí, lo quiero.
4. Sí, pídemelas.
5. En Sevilla hace más calor que en Berlin.
6. Un Porsche es más caro que un Seat.
7. Viajar en tren cuesta menos que viajar en avión.
8. A mí me gusta Granada más que Málaga.

Unidad 8

A1: 4. Sonia schlägt einen Reitausflug in die nähere Umgebung vor.

A2: 1. Bienvenido a *oder* a nuestra casa, Marco.
2. Gracias por la invitación.
3. Marco, te presento a mis primos Emilio y Andrés.
4. Encantado de conoceros.
5. Siéntate mientras termino la comida *oder* en la cocina.
6. ¿Quieres un aperitivo?

A3: A. el padre, la madre
B. el primo, la prima
C. el hermano, la hermana
D. el marido, la esposa

A4: 1. Se alquilan
2. Se vende
3. Se habla
4. Se aceptan
5. Se sirve
6. Se ofrecen

B1: 2. Martin ist sehr erschöpft vom Tag.
3. Martin hat der Ausflug sehr gut gefallen.
4. Sonia möchte vor dem Abendessen noch schnell duschen.

B2: 1. Estamos muertos de hambre.
2. ¿La comida ya está lista?
3. ¡Qué callado *oder* callada estás!
4. Estoy cansado *oder* cansada.
5. ¿Os encontráis bien?
6. Ayer noche lo hemos pasado bien.

B3:

						F			
						L			
P			L	A	G	O			M
L				N		R			O
A				I					N
N				M					T
T				A	G	U	I	L	A
A	R	B	O	L					Ñ
	O								A
	C								
	A	V	E						

la planta, plantas
el animal, animales
la flor, flores
la montaña, montañas
la roca, rocas
el lago, lagos
el águila, águilas
el árbol, árboles
el ave, aves

B4: 1. hemos 2. han 3. habéis 4. has 5. he – ha

B5: 1. la rama, la raíz, la hoja
2. la sierra, el valle, la montaña, la meseta, el desierto, el bosque
3. el toro, el lobo, el lince, el cierro
4. el perro, el gato, el ratón, el caballo, el pájaro, el loro, el canario
5. el águila, el loro, la cigüeña, el canario, la paloma

Unidad 9

A1: 2. Sonia möchte einen Liegestuhl mieten.
4. Sie warnen Martin vor Quallen.

A2: 1. ¿Puedes echarme bronceador por la espalda?
2. ¿Aquí se puede alquilar una sombrilla?
3. ¿Hay patines en esta playa?
4. Se me ha olvidado *oder* Me he olvidado mi bronceador en casa.
5. ¿Puedes vigilar un momento mi bolsa?
6. El agua está muy fría.

A3:

1. tomar	4. olvidar	7. vigilar
2. echarse	5. lucir/llevar	8. ir
3. alquilar	6. tener	9. traer

A4:

1. sido	4. hecho	7. roto
2. ido	5. vuelto	8. abierto – podido
3. visto	6. escrito	

B1: 1. Martin hat einen Sonnenbrand und Kopfschmerzen.
2. Die Apothekerin warnt ihn vor den Folgen eines Sonnenstichs.
4. Er darf in der nächsten Zeit nicht in der Sonne liegen.

B2: 1. Me duele mucho la cabeza.
2. ¿Tiene algo contra náuseas?
3. ¿Es algo grave?
4. Me siento flojo.
5. ¿Es mejor consultar a un médico?
6. ¿Tengo que tomarme las gotas antes o después de comer?

B3:

1. quemado	3. la insolación	5. la espalda	7. el hombro
2. el gel	4. picar	6. flojo	8. mareado

B4: 1. nos 2. le 3. le 4. le 5. les 6. te

B5:

1. el pediatra	6. el erizo de mar
2. la esterilla	7. el tiburón
3. el bronceador	8. la piel
4. consultar	9. el picor
5. el patín	10. recuperarse

Unidad 10

A1: 1. Paco führt Martin durch Cádiz.
2. Cádiz ist eine sehr alte Stadt.
4. Später war Cádiz der Ausgangspunkt vieler Seereisen in die Neue Welt.

A2: 1. Los moriscos fundaron la ciudad en el sigo XII, ¿verdad?
2. ¿No tuvo un papel importante para los viajes a América?
3. Quisiera visitar la Alhambra.
4. ¿Está aún en pie la antigua mezquita?
5. La fortaleza *oder* El fuerte está en ruinas.
6. Me interesa mucho la catedral de la ciudad.

A3:

									M					
	M		D	O	M	I	N	I	O					
	U								R			P		
	R							P	I	N	T	U	R	A
C	A	S	T	I	L	L	O		S			E		
	L								C			R		
	L		M			C			O			T		
C	A	T	E	D	R	A	L					O		
			Z			S								
			Q			C								
			U			O								
			I											
	A	N	T	I	G	U	O							
			A											

A4: 1. transformó
2. llegó
3. celebraron
4. visitó
5. entró
6. se quedó

B1: 1. Sevilla ist die größte Stadt Andalusiens.
2. Ein besonderer Höhepunkt ist die Karwoche.

B2: 1. ¿Qué fiesta se celebra aquí?
2. ¿Dónde hay la mayor procesión?
3. ¿A qué hora empiezan los fuegos artificiales?
4. Acabo de leer algo sobre las cofradías.

B3: 1. el patrono 3. celebrar 5. la caseta 7. la procesión
2. la fiesta 4. la feria 6. el costalero 8. la virgen

B4: 1. Los sevillanos son la gente más alegre de España.
2. La Alhambra es el monumento más conocido de Andalucía.
3. La iglesia cristiana es la (iglesia) más antigua de Europa.
4. Sonia es la peor cocinera del mundo.
5. La paella valenciana es el plato más famoso de España.
6. El español es la lengua más hablada en América Latina.
7. Cádiz es una de las ciudades más antiguas de España.

B5: fundó llegaron se hundió salió fue
fueron dominaron fue descubrió

Diese alphabetische Wortliste enthält ca. 650 Wörter aus den einzelnen Unidades und ca. 700 weitere Vokabeln, die zum Grundwortschatz gehören.

a	*nach, um*
a bordo	*an Bord*
¿a dónde?	*Wohin?*
a finales de	*Ende (zeitlich)*
a menudo	*häufig*
a pesar de	*trotz*
abanico, el	*Fächer*
abierto	*geöffnet*
abrazar	*umarmen*
abrebotellas, el	*Flaschenöffner*
abrelatas, el	*Dosenöffner*
abrigo, el	*Mantel*
abrir	*öffnen*
abrochar	*anlegen*
abuelo, el	*Großvater*
aburrirse	*sich langweilen*
abusar	*missbrauchen*
accidente, el	*Unfall*
aceite, el	*Öl*
aceituna, la	*Olive*
aceptar	*akzeptieren*
acera, la	*Gehweg*
acero, el	*Stahl*
acompañar	*begleiten*
acordarse	*sich erinnern*
acostarse	*sich hinlegen*
adelantar	*überholen*
¡adelante!	*herein, vorwärts*
adelgazar	*abnehmen*
¡adiós!	*Auf Wiedersehen!*
aduana, la	*Zoll*
aeropuerto, el	*Flughafen*
afeitarse	*sich rasieren*
aficionado, el	*Fan*
agencia de viajes, la	*Reisebüro*
agradable	*angenehm*
agrio	*sauer*
agua (potable), el	*(Trink-)Wasser*
águila, el	*Adler*
aguja, la	*Nadel*
ahí	*da*
ahogarse	*ertrinken, keine Luft bekommen*
aire, el	*Luft*
aire acondicionado, el	*Klimaanlage*
ajo, el	*Knoblauch*

al lado de	*neben*
ala, el	*Flügel*
albaricoque, el	*Aprikose*
albergar	*beherbergen*
albornoz, el	*Bademantel*
alcalde, el	*Bürgermeister*
alegre	*fröhlich*
alemán	*deutsch*
algo	*etwas*
algodón, el	*Baumwolle*
alguien	*jemand*
allí	*dort*
almacén, el	*Lager, Kaufhaus*
almendra, la	*Mandel*
almohada, la	*Kopfkissen*
alquilar	*(ver-)mieten*
alrededores, los	*Umgebung*
alto	*hoch*
ama de casa, el	*Hausfrau*
amable	*höflich*
amar	*lieben*
amargo	*bitter*
amarillo	*gelb*
ambiente, el	*Stimmung*
ambulancia, la	*Krankenwagen*
amenazar	*(be-)drohen*
amigo, el	*Freund*
ancho	*weit*
andén, el	*Bahnsteig*
anillo, el	*Ring*
animal, el	*Tier*
anoche	*gestern Abend*
antes	*vor(-her)*
antiguo	*alt, antik*
año, el	*Jahr*
apagar	*ausmachen*
aparcar	*parken*
apartado (postal), el	*Postfach*
apellido, el	*Nachname*
aperitivo, el	*Aperitif*
aplicar	*auftragen, anwenden*
aprender	*lernen*
aquí	*hier*
árbol, el	*Baum*
arco, el	*Bogen*
arena, la	*Sand*
arma, el	*Waffe*
armario, el	*Schrank*

arrancar	*starten, ausreißen*
arreglar	*reparieren, aufräumen*
arriba	*oben*
arroz, el	*Reis*
arte, el	*Kunst*
artesanal	*(kunst-)handwerklich*
artificial	*künstlich*
artista, el	*Künstler*
ascensor, el	*Aufzug*
así	*so*
asiento, el	*Sitz(-platz)*
asistir	*beiwohnen*
aspiradora, la	*Staubsauger*
asustar	*erschrecken*
atacar	*angreifen*
atender	*bedienen*
aterrizar	*landen*
atravesar	*überqueren*
atún, el	*Thunfisch*
aún	*noch*
aunque	*obwohl*
auténtico	*echt*
autobús, el	*Bus*
autocar, el	*Reisebus*
autoescuela, la	*Fahrschule*
ave, el	*Geflügel, Hochgeschwindigkeitszug*
avenida, la	*Allee*
averia, la	*Panne*
avión, el	*Flugzeug*
ayer	*gestern*
ayuda, la	*Hilfe*
ayudar	*helfen*
ayuntamiento, el	*Rathaus*
azafata, la	*Stewardess*
azafrán, el	*Safran*
azúcar, el	*Zucker*
azul	*blau*
bailar	*tanzen*
bajar	*herunterkommen, aussteigen*
bajo	*niedrig, unter*
baloncesto, el	*Basketball*
balonmano, el	*Handball*
banco, el	*Bank*
bañador, el	*Badehose*
bañarse	*baden*
bañera, la	*Badewanne*
baño, el	*Bad*
bar, el	*Kneipe*
barato	*billig*
barca, la	*Boot*
barco, el	*Schiff*
barra, la	*Theke, (Brot-) Laib, Stange*
barrer	*kehren*
barrica, la	*(Wein-)Fass*
barrio, el	*Viertel*
barro, el	*Ton*
bastante	*genug*
basura, la	*Müll*
beber	*trinken*
bebida, la	*Getränk*
belleza, la	*Schönheit*
berenjena, la	*Aubergine*
besar	*küssen*
beso, el	*Kuss*
bicicleta, la	*Fahrrad*
bien	*gut*
¡bienvenido!	*Willkommen!*
billete, el	*Ticket*
billete de ida y vuelta, el	*Hin- und Rückfahrkarte*
blanco	*weiß*
blando	*weich*
blusa, la	*Bluse*
boca, la	*Mund*
bocadillo, el	*belegtes Brot*
boda, la	*Hochzeit*
bodega, la	*Weinkeller(ei)*
bogavante, el	*Hummer*
bolsa, la	*Tüte*
bolso, el	*Tasche*
bombilla, la	*(Glüh-)Birne*
bonbón, el	*Praline*
bonito	*schön, hübsch*
borracho	*betrunken*
bosque, el	*Wald*
bota, la	*Stiefel*
botella, la	*Flasche*
botón, el	*Knopf*
braga, la	*Damenslip*
brazo, el	*Arm*
brillar	*glänzen*
brindar	*anstoßen*
broma, la	*Scherz*
bucear	*tauchen*
bueno	*gut*
buey, el	*Ochse*
burro, el	*Esel*
buscar	*suchen*
buzón, el	*Briefkasten*
caballo, el	*Pferd*
cabeza, la	*Kopf*

cabina telefónica, la *Telefonzelle*
cabra, la *Ziege*
cadena, la *Kette*
caerse *fallen*
café, el *Café, Kaffee*
caja, la *Kasse, Kiste*
cajero automático, el *Geldautomat*
calabacín, el *Zucchini*
calcetín, el *Socke*
calefacción, la *Heizung*
caliente *heiß*
calle, la *Straße*
calor, el *Hitze*
calzoncillo, el *Herrenslip*
cama, la *Bett*
camarero, el *Kellner*
cambiar *wechseln, tauschen*
camilla, la *(Kranken-)Bahre*
camino, el *Weg*
camión, el *Lastwagen*
camisa, la *Hemd*
camiseta, la *T-Shirt*
campeonato, el *Wettkampf*
campo, el *Feld, Land*
canción, la *Lied*
cansancio, el *Müdigkeit*
cansarse *ermüden*
cantar *singen*
cantidad, la *Menge, Betrag*
capaz de *fähig*
capital, la *Hauptstadt*
capitán, el *Kapitän*
capucha, la *Kapuze*
cara, la *Gesicht*
caracol, el *Schnecke*
caramelo, el *Bonbon*
caravana, la *Wohnwagen*
carbón, el *Kohle*
cargar *(be-)laden*
carne, la *Fleisch*
caro *teuer*
carrera, la *Rennen*
carretera, la *(Land-)Straße*
carro de la compra, el *Einkaufswagen*
carta, la *Brief, Spielkarte*
cartero, el *Briefträger*
cartón, el *Karton, (Zigaretten-) Stange*
casa, la *Haus*
casado *verheiratet*
casi *fast*
castigar *bestrafen*
castillo, el *Burg*
casualidad, la *Zufall*
catedral, la *Kathedrale, Dom*
cazar *jagen*
cazuela, la *Topf*
cebolla, la *Zwiebel*
cegar *blenden*
ceja, la *Augenbraue*
celebrar *feiern*
cementerio, el *Friedhof*
cena, la *Abendessen*
cenar *zu Abend essen*
cenicero, el *Aschenbecher*
centro, el *Zentrum, Mitte*
cepillo, el *Bürste*
cerámica, la *Keramik*
cerca de *nah*
cerdo, el *Schwein*
cereza, la *Kirsche*
cerilla, la *Streichholz*
cerrado *geschlossen*
cerradura, la *Schloss*
cerrar *schließen*
cerveza, la *Bier*
césped, el *Rasen*
cesta, la *Korb*
champán, el *Sekt*
champú, el *Shampoo*
chaqueta, la *Jacke*
charlar *plaudern*
chicle, el *Kaugummi*
chico, el *Junge*
chiste, el *Witz*
chocar *zusammenstoßen*
chocolate, el *Schokolade*
chubasco, el *Schauer*
chuleta, la *Kotelett*
chupar *lutschen*
ciego *blind*
cielo, el *Himmel*
ciencia, la *Wissenschaft*
cierre, el *Verschluss*
cierto *sicher, richtig*
cigarrillo, el *Zigarette*
cigüeña, la *Storch*
cilindro, el *Zylinder*
cine, el *Kino*
cinta, la *Band*
cinturón, el *Gürtel*
cinturón de seguridad, el *Sicherheitsgurt*
círculo, el *Kreis*

ciruela, la	*Pflaume*
cita, la	*Verabredung, Termin, Zitat*
ciudad, la	*Stadt*
ciudadano, el	*Bürger*
claro	*klar, hell*
clásico	*klassisch*
clavo, el	*Nagel*
cliente, el	*Kunde*
coche, el	*Auto*
cocina, la	*Küche*
cocinar	*kochen, zubereiten*
código postal, el	*Postleitzahl*
coger	*nehmen*
cohete, el	*Rakete*
cojín, el	*Kissen*
col, la	*Kohl*
colega, el	*Kollege*
colegio, el	*Schule*
colgar	*auflegen, hängen*
coliflor, la	*Blumenkohl*
colocar	*auf seinen Platz stellen*
color, el	*Farbe*
columna, la	*Säule, Spalte (Text)*
comedor, el	*Speisesaal*
comenzar	*anfangen*
comer	*essen*
comercio, el	*Handel, Laden*
comestible	*essbar*
comida, la	*Essen*
como	*wie, weil*
cómodo	*bequem*
comparar	*vergleichen*
completo	*voll(-ständig)*
comprar	*kaufen*
comprender	*verstehen*
compresa higiénica, la	*Damenbinde*
con	*mit*
con mucho gusto	*mit Vergnügen*
concierto, el	*Konzert*
condón, el	*Kondom*
conducir	*fahren*
conejo, el	*Kaninchen*
conexión, la	*Anschluss, Verbindung*
confundir	*verwechseln*
congelado	*eingefroren*
congelador, el	*Tiefkühltruhe*
conocer	*kennen*
conocido	*bekannt*
conseguir	*erreichen*
consejo, el	*Rat*
conservar	*bewahren, erhalten*
construir	*erbauen*
consuelo, el	*Trost*
consultar	*konsultieren*
contaminación, la	*Verschmutzung*
contaminar	*verschmutzen*
contar	*(er-)zählen*
contemporáneo	*zeitgenössisch*
contestador automático, el	*Anrufbeantworter*
continuar	*fortfahren, weitergehen*
contra	*gegen*
contrato, el	*Vertrag*
control, el	*Kontrolle*
convencer	*überzeugen*
convento, el	*Kloster*
convertirse	*werden zu*
copa, la	*Pokal, Weinglas*
copia, la	*Kopie*
corbata, la	*Krawatte*
corcho, el	*Kork, Korken*
cordero, el	*Lamm*
correo, el	*Post*
correr	*rennen, laufen, verschieben*
corrida, la	*Stierkampf*
corriente, la	*Strom, Strömung*
cortado, el	*Espresso mit Milch*
cortar	*sperren, schneiden*
corte, el	*Schnitt*
cortina, la	*Vorhang*
corto	*kurz*
cosa, la	*Sache*
cosecha, la	*Ernte*
coser	*nähen*
costa, la	*Küste*
costar	*kosten*
costilla, la	*Rippe*
costumbre, la	*Sitte, Gewohnheit*
crecer	*wachsen*
creer	*glauben*
cristal, el	*Glas*
cristiano	*christlich*
croqueta, la	*Krokette*
cruce, el	*Kreuzung*
cruz, la	*Kreuz*
cruzar	*kreuzen, durchqueren*
cuadro, el	*Bild, Gemälde*
¿cuándo?	*Wann?*

cuando	*wenn*
¿cuánto?	*Wie viel?*
cuarto, el	*Zimmer, Viertel*
cubierto	*bedeckt*
cubierto, el	*Besteck*
cubo, el	*Eimer*
cubrir	*bedecken*
cuchara, la	*Löffel*
cucharilla, la	*Teelöffel*
cuchillo, el	*Messer*
cuello, el	*Hals*
cuenta corriente, la	*Girokonto*
cuenta, la	*Rechnung*
cuerno, el	*Horn*
cuero, el	*Leder*
cuerpo, el	*Körper*
cueva, la	*Höhle*
cultivar	*anbauen*
cultura, la	*Kultur*
cumpleaños, el	*Geburtstag*
cura, el	*Pfarrer*
curar	*heilen*
curso, el	*Kurs*
cuyo	*dessen*
daño, el	*Schaden*
dar	*geben*
dar las gracias	*sich bedanken*
darse cuenta	*bemerken*
darse prisa	*sich beeilen*
de	*von, aus*
¿de dónde?	*Woher?*
de memoria	*auswendig*
de repente	*plötzlich*
de vez en cuando	*manchmal*
debajo de	*unter*
deber	*müssen, schulden*
débil	*schwach*
decidir	*entscheiden*
decir	*sagen*
declarar	*öffentlich erklären*
dedicar	*widmen*
dedo, el	*Finger*
defender	*verteidigen*
dejar de ...	*mit etwas aufhören*
dejarse ...	*sich ... lassen*
delante de	*vor*
delicado	*empfindlich*
delicioso	*lecker*
demasiado	*zu sehr*
dentista, el	*Zahnarzt*
dentro de	*in*
denunciar	*anzeigen*
dependiente, el	*Verkäufer*
deporte, el	*Sport*
depositar	*deponieren*
derecha	*rechts*
derecho	*gerade*
desayunar	*frühstücken*
desayuno, el	*Frühstück*
descafeinado	*koffeinfrei*
descansar	*sich ausruhen*
descontar	*abziehen*
describir	*beschreiben*
descubrir	*entdecken*
descuento, el	*Ermäßigung*
desde (hace)	*seit* (*Zeitraum*)
desear	*wünschen*
desembocar	*münden*
desierto, el	*Wüste*
desmayarse	*ohnmächtig werden*
desnudarse	*sich ausziehen*
despacio	*langsam*
despedirse	*sich verabschieden*
despegar	*abheben*
despejado	*wolkenlos*
despertador, el	*Wecker*
despertar	*wecken*
despierto	*wach*
destinatario, el	*Empfänger*
desviación, la	*Umleitung*
detalle, el	*Detail, Aufmerksamkeit*
detrás de	*hinter*
devolver	*zurückgeben*
día, el	*Tag*
día festivo, el	*Feiertag*
día laboral, el	*Werktag*
diario	*täglich*
diario, el	*Tageszeitung, Tagebuch*
diarrea, la	*Durchfall*
dibujar	*zeichnen*
dibujo, el	*Zeichnung*
diccionario, el	*Wörterbuch*
diente, el	*Zahn*
difícil	*schwierig*
dificultad, la	*Schwierigkeit*
digestión, la	*Verdauung*
dinero, el	*Geld*
diós, el	*Gott*
directo	*direkt*
disco, el	*Schallplatte, Disc*
disculparse	*sich entschuldigen*
disolver	*auflösen*
distancia, la	*Entfernung*
distinto	*verschieden*

distraido	*abgelenkt, unkonzentriert*
divertido	*lustig, unterhaltsam*
divertirse	*sich amüsieren*
divorciado	*geschieden*
doble	*doppelt*
docena, la	*Dutzend*
domiciliado en	*wohnhaft in*
domicilio, el	*Wohnsitz*
dominar	*beherrschen*
¿dónde?	*Wo?*
dormir	*schlafen*
ducharse	*sich duschen*
dulce	*süß*
duro	*hart*
echar	*einwerfen*
edad, la	*Alter*
edificio, el	*Gebäude*
ejército, el	*Armee*
él	*er*
el	*der*
elegir	*wählen*
ella	*sie*
embajada, la	*Botschaft*
embarazada	*schwanger*
embarcar	*einchecken, an Bord gehen*
embutido, el	*Wurst (Aufschnitt)*
emergencia, la	*Notfall*
emisora, la	*Sender, ausstrahlen*
emitir	*ausstrahlen*
empresa, la	*Unternehmen*
empujar	*drücken, schieben*
en	*in*
en ayunas	*nüchtern*
en casa	*zu Hause*
en caso (de) que	*falls*
en general	*im Allgemeinen*
encargar	*bestellen*
encender	*anmachen*
encontrar	*finden*
encuentro, el	*Zusammentreffen*
enfadarse	*sich ärgern*
enfermedad, la	*Krankheit*
enfermera, la	*Krankenschwester*
enfermo	*krank*
enfrente (de)	*gegenüber*
ensalada, la	*Salat*
enseguida	*sofort*
enseñar	*lehren, zeigen*
entero	*in einem Stück*
entonces	*dann*
entrada, la	*Eingang, Eintritt*
entrar	*hineingehen*
entre	*zwischen*
entrevista, la	*Interview*
enviar	*schicken*
equipaje, el	*Gepäck*
equipo, el	*Mannschaft, Ausrüstung*
equivocarse	*sich irren*
erizo de mar, el	*Seeigel*
escala, la	*Zwischenstopp*
escalera, la	*Treppe, Leiter*
escoba, la	*Besen*
esconder	*verstecken*
escribir	*schreiben*
escritorio, el	*Schreibtisch*
escuchar	*(zu-)hören*
espalda, la	*Rücken*
espejo, el	*Spiegel*
esperar	*(er-)warten*
espina, la	*Gräte, Dorn*
esposa, la	*Ehefrau*
esquina, la	*Ecke*
estable	*stabil*
estación, la	*Bahnhof*
estación del año, la	*Jahreszeit*
estacionar	*parken*
estadio, el	*Stadion*
estanco, el	*Tabakladen*
estar de acuerdo	*einverstanden sein*
estar rico	*gut schmecken*
estar	*sich befinden, sein*
estofado	*geschmort*
estómago, el	*Magen*
estornudar	*niesen*
estrecho	*eng*
estrella, la	*Stern*
estropeado	*defekt*
estudiar	*studieren, lernen*
evitar	*vermeiden*
exagerar	*übertreiben*
excelente	*ausgezeichnet*
excursión, la	*Ausflug*
excusa, la	*Ausrede*
expedido en	*ausgestellt in*
explicar	*erklären*
exposición, la	*Ausstellung*
extranjero, el	*Ausland, Ausländer*
fácil	*leicht*
factura, la	*Rechnung*
facturar	*Gepäck aufgeben*
falda, la	*Rock*

falta, la	*Fehler, Mangel*
faltar	*fehlen*
familia, la	*Familie*
famoso	*berühmt*
farmacia, la	*Apotheke*
favorito	*Lieblings-*
fecha, la	*Datum*
feria, la	*Messe, Fest*
ferrocarril, el	*Eisenbahn*
fijarse	*etwas genau betrachten*
fin, el	*Ende*
fin de semana, el	*Wochenende*
finca, la	*Gut, Landsitz*
firma, la	*Unterschrift*
firmar	*unterschreiben*
flecha, la	*Pfeil*
flojo	*schwach*
flor, la	*Blume*
formulario, el	*Formular*
fortaleza, la	*Festung*
fotografiar	*fotografieren*
fregar	*spülen, putzen*
freir	*frittieren, anbraten*
frenar	*bremsen*
freno, el	*Bremse*
fresa, la	*Erdbeere*
fresco	*frisch, frech*
frío	*kalt*
frío, el	*Kälte*
frito	*gebraten*
fruta, la	*Obst*
fuego, el	*Feuer*
fuente, la	*Quelle, Brunnen*
fuera	*raus*
fuerte	*stark*
fuerza, la	*Kraft*
fumador, el	*Raucher*
fumar	*rauchen*
funcionar	*funktionieren*
fundación, la	*Stiftung*
fundar	*gründen*
fusible, el	*Sicherung*
fútbol, el	*Fußball*
gafas (de sol), las	*(Sonnen-)Brille*
galería, la	*Galerie*
galleta, la	*Keks*
gallina, la	*Henne, Huhn*
gamba, la	*Krabbe, Garnele*
ganado, el	*Vieh*
ganar	*gewinnen, verdienen*
garaje, el	*Garage*
garbanzo, el	*Kichererbse*
gas, el	*Gas, Kohlensäure*
gasóleo, el	*Dieseltreibstoff*
gasolina, la	*Benzin*
gasolinera, la	*Tankstelle*
gastar	*ausgeben, verbrauchen*
gato, el	*Katze*
gel, el	*Gel*
general	*allgemein*
gente, la	*Leute*
girar	*abbiegen*
girasol, el	*Sonnenblume*
gitano, el	*Zigeuner*
goma, la	*Gummi*
gordo	*dick*
gorra, la	*Mütze*
gota, la	*Tropfen*
grabar	*aufnehmen, gravieren*
gracias a …	*dank …*
¡gracias!	*Danke!*
grande	*groß*
granizo, el	*Hagel*
grasa, la	*Fett*
gratuito	*gratis*
grifo, el	*(Wasser-)Hahn*
gris	*grau*
gritar	*schreien*
guante, el	*Handschuh*
guardar	*aufbewahren*
guardia, el	*Polizist, Wachmann*
guía telefónica, la	*Telefonbuch*
guía, el	*Führer (Person)*
guía, la	*Führer (Buch)*
guitarra, la	*Gitarre*
gustar	*gefallen, schmecken*
gusto, el	*Geschmack*
habitación, la	*Zimmer*
hablar	*sprechen*
hacer	*machen*
hacer transbordo	*umsteigen*
hasta	*bis*
hay	*es gibt*
hay que	*man muss*
helado, el	*Speiseeis*
herida, la	*Wunde*
herido	*verletzt*
hermano, el	*Bruder*
hermoso	*schön*
herramienta, la	*Werkzeug*
hervir	*kochen*
hielo, el	*Eis*

hierba, la	*Gras, Kraut*	inyección, la	*Spritze*
hierro, el	*Eisen*	ir	*gehen, fahren*
higo, el	*Feige*	ir a ...	*werden*
hijo, el	*Sohn*	ir de compras	*einkaufen gehen*
historia, la	*Geschichte*	ir de copas	*etwas Trinken gehen*
hoja, la	*Blatt*	irse	*weggehen*
hola	*hallo*	isla, la	*Insel*
hombre, el	*Mensch, Mann*	izquierda	*links*
hongo, el	*Pilz (medizinisch)*	jabón, el	*Seife*
hora, la	*Stunde*	jamón, el	*Schinken*
horario, el	*Zeitplan, Fahrplan*	jardín, el	*Garten*
horario de apertura, el	*Öffnungszeiten*	jefe, el	*Chef*
		jersey, el	*Pulli, Pullover*
hospital, el	*Krankenhaus*	joven	*jung*
hostal, el	*Hostal, Gasthaus*	joya, la	*Schmuckstück*
hotel, el	*Hotel*	judías, las	*Bohnen*
hoy	*heute*	judío	*jüdisch*
huelga, la	*Streik*	jugador, el	*Spieler*
huevo, el	*Ei*	jugar	*spielen*
huir	*fliehen, flüchten*	jugo, el	*Saft*
húmedo	*feucht*	juguete, el	*Spielzeug*
hundirse	*untergehen*	junto a	*bei*
ibérico	*iberisch*	juntos	*zusammen*
idioma, el	*Sprache*	labio, el	*Lippe*
iglesia, la	*Kirche*	lago, el	*See*
igual	*gleich*	lámpara, la	*Lampe*
imaginarse	*sich etwas vorstellen*	lana, la	*Wolle*
		largo	*lang*
imponer	*aufzwingen*	lástima, la	*Bedauern*
importante	*wichtig*	lavabo, el	*Toilette*
impuesto, el	*Steuer*	lavadora, la	*Waschmaschine*
incendio, el	*Brand*	lavar	*waschen*
incluido	*inklusive*	leche, la	*Milch*
incluso	*sogar*	leer	*lesen*
indicación, la	*Hinweis, Schild*	lejos de	*weit*
indicar	*(an-)zeigen*	lengua, la	*Sprache, Zunge*
individual	*individuell, Einzel-*	lenguado, el	*Seezunge*
infección, la	*Infekt*	lenteja, la	*Linse*
información, la	*Information*	lentilla, la	*Kontaktlinse*
informar	*informieren*	leña, la	*Brennholz*
ingerir	*einnehmen*	levantarse	*aufstehen*
insistir	*beharren*	libre	*frei*
instrucción, la	*Anleitung*	libro, el	*Buch*
insultar	*beleidigen*	ligero	*leicht*
insulto, el	*Beleidigung*	limón, el	*Zitrone*
interesante	*interessant*	limpiar	*putzen, säubern*
interesar(se)	*(sich) interessieren*	limpio	*sauber, netto*
interrumpir	*unterbrechen*	línea, la	*Linie, Verbindung*
introducir	*einführen*	lino, el	*Leinen*
inundar	*überfluten*	lío, el	*Durcheinander*
invierno, el	*Winter*	lista, la	*Liste*
invitación, la	*Einladung*	listo	*fertig, klug*
invitar	*einladen*	llamada, la	*Anruf*

llamar *rufen*
llamarse *heißen*
llave, la *Schlüssel*
lleno *voll*
llevar *tragen, bringen*
llorar *weinen*
llover *regnen*
lluvia, la *Regen*
lobo, el *Wolf*
loco *verrückt*
lucha, la *Kampf*
luchar *kämpfen*
luna, la *Mond*
luz, la *Licht*
madera, la *Holz*
maduro *reif*
malo *schlecht*
manchar *beschmutzen*
mandar *schicken*
manera, la *Art, Weise*
manga, la *Ärmel*
mano, la *Hand*
manta, la *(Woll-)Decke*
mantel, el *Tischdecke*
mantequilla, la *Butter*
manzana, la *Apfel*
mañana *morgen*
mañana, la *Morgen*
máquina, la *Maschine*
mar, el *Meer*
maravilloso *wundervoll*
marcar *markieren, wählen (Telefon)*
marearse *schwindlig werden*
mareo, el *Schwindelgefühl*
marido, el *Ehemann*
mariposa, la *Schmetterling*
marisco, el *Meeresfrüchte*
marrón *braun*
marroquinería, la *Lederwaren*
martillo, el *Hammer*
matrimonio, el *Ehepaar*
más o menos *ungefähr*
más *mehr*
masaje, el *Massage*
matar *töten*
mayor *größer, älter*
mayoría, la *Mehrheit*
mecánico, el *Mechaniker*
mechero, el *Feuerzeug*
media, la *Strumpf*
medianoche, la *Mitternacht*
medicamento, el *Arznei*
médico, el *Arzt*
medida, la *Maß, Maßnahme*
medio *halb*
medio, el *Mittel*
medio ambiente, el *Umwelt*
mediodía, el *Mittag*
medir *messen*
medusa, la *Qualle*
mejillón, el *(Mies-)Muschel*
mejor *besser, bester*
melocotón, el *Pfirsich*
melón, el *Melone*
menor *kleiner, jünger*
menos *weniger*
mercado, el *Markt*
merienda, la *Brotzeit*
mermelada, la *Marmelade*
mes, el *Monat*
meter *stecken*
metro, el *U-Bahn, Meter*
miedo, el *Angst*
miel, la *Honig*
mientras *während*
militar *militärisch*
minoría, la *Minderheit*
minuto, el *Minute*
mirar *(an-)schauen*
microondas, el *Mikrowelle*
mismo *selbst*
mitad, la *Hälfte*
moderado *gemäßigt*
modernista *modernistisch*
moderno *modern*
mojarse *nass werden*
molestar *stören*
molino, el *Mühle*
momento, el *Augenblick*
moneda, la *Münze, Währung*
monja, la *Nonne*
montaña, la *Gebirge*
montar *aufbauen, aufsteigen*
monte, el *Berg*
morder *beißen*
morir *sterben*
morisco *maurisch*
moro, el *Maure*
mosca, la *Fliege*
mosquito, el *Stechmücke*
moto, la *Motorrad*
motor, el *Motor*
mover *bewegen*
móvil, el *Handy*

mucho	*viel*
mudarse	*umziehen*
muerto	*tot*
mujer, la	*Frau*
multa, la	*(Geld-)Strafe*
mundo, el	*Welt*
museo, el	*Museum*
muy	*sehr*
nacer	*geboren werden*
nada	*nichts*
nadar	*schwimmen*
nadie	*niemand*
naranja, la	*Orange*
nariz, la	*Nase*
nata, la	*Sahne*
natal	*Geburts-*
navegar	*segeln*
navidad, la	*Weihnachten*
necesitar	*brauchen*
negro	*schwarz*
nervioso	*nervös*
nevar	*schneien*
nevera, la	*Kühlschrank*
nido, el	*Nest*
niebla, la	*Nebel*
nieve, la	*Schnee*
ningún	*keiner*
niño, el	*Kind, Junge*
no	*nein, nicht, kein-*
noble	*edel*
noche, la	*Nacht*
nombre, el	*(Vor-)Name*
notar	*merken*
noticia, la	*Nachricht*
novela, la	*Roman*
nube, la	*Wolke*
nuboso	*wolkig*
nuera, la	*Schwiegertochter*
nuevo	*neu*
número, el	*Zahl*
o	*oder*
obra, la	*Werk*
ocupar	*besetzen*
odiar	*hassen*
oficio, el	*Beruf*
oir	*hören*
ojo, el	*Auge*
¡ojo!	*Vorsicht!*
ola, la	*Welle*
oler	*riechen*
olla, la	*Suppentopf*
olor, el	*Geruch*
ordenador, el	*Computer*
oreja, la	*Ohr*
origen, el	*Herkunft*
orilla, la	*Ufer*
oro, el	*Gold*
oso, el	*Bär*
otoño, el	*Herbst*
otro	*anderer*
oveja, la	*Schaf*
padecer de	*leiden an*
padre, el	*Vater*
pagar	*(be-)zahlen*
país, el	*Land*
paisaje, el	*Landschaft*
pájaro, el	*Vogel*
paloma, la	*Taube*
pan, el	*Brot*
panecillo, el	*Brötchen*
pantalla, la	*Bildschirm*
pantalón, el	*Hose*
pañuelo, el	*Taschentuch*
papa, el	*Papst*
paquete, el	*Paket*
para	*für*
parada, la	*Haltestelle, Marktstand*
paraguas, el	*Regenschirm*
parapente, el	*Gleitschirm*
parar	*anhalten, stoppen*
parecer	*scheinen*
pared, la	*Wand*
parque, el	*Park*
parte, el	*Bericht*
parte, la	*Teil*
participar	*teilnehmen*
partido, el	*Partei, Match*
partir	*brechen, weggehen*
pasajero, el	*Reisender*
pasar	*passieren, vorbeikommen*
pasarlo bien	*sich amüsieren*
pasear	*promenieren*
paseo, el	*Spaziergang, Promenade*
paso, el	*Schritt*
patata, la	*Kartoffel*
patín, el	*Tretboot, Rollschuh*
patio, el	*(Innen-)Hof*
pato, el	*Ente*
peaje, el	*(Autobahn-)Maut*
peatón, el	*Fußgänger*
pedir	*bestellen, bitten*
pegar	*kleben, schlagen*
peinar	*kämmen*

pelar	*schälen*
pelea, la	*Streit, Kampf*
película, la	*Film*
peligro, el	*Gefahr*
peligroso	*gefährlich*
pelo, el	*Haar*
pelota, la	*Ball*
peluquería, la	*(Damen-)Frisör*
pensar	*denken*
peor	*schlechter, schlimmer*
pequeño	*klein*
pera, la	*Birne*
perdón, el	*Entschuldigung*
perdonar	*entschuldigen*
periódico, el	*Zeitung*
permiso, el	*Erlaubnis*
permitir	*erlauben*
pero	*aber*
perro, el	*Hund*
pesado	*anstrengend, schwer*
pesar	*wiegen*
pescado, el	*Fisch*
pescador, el	*Fischer, Angler*
pescar	*fischen, angeln*
pésimo	*schlechtester*
peso, el	*Gewicht*
petanca, la	*Boule*
pez, el	*Fisch (lebend)*
picar	*jucken, hacken, picken*
picor, el	*Juckreiz*
pie, el	*Fuß*
piedra, la	*Stein*
piel, la	*Haut, Leder, Pelz*
pierna, la	*Bein*
pieza de recambio, la	*Ersatzteil*
pijama, el	*Pyjama*
pila, la	*Batterie*
pimentón, el	*Paprikapulver*
pimienta, la	*Pfeffer*
pimiento, el	*Paprikaschote*
pinchar	*stechen*
pino, el	*Pinie*
pintar	*malen*
pintor, el	*Maler*
piña, la	*Ananas*
pisar	*(be-)treten*
piscina, la	*Schwimmbad*
piso, el	*Stockwerk*
plancha, la	*Bügeleisen, Grillplatte*
planchar	*bügeln*
planta baja, la	*Erdgeschoss*
planta, la	*Pflanze, Stockwerk*
plata, la	*Silber*
plátano, el	*Banane*
plato, el	*Teller, Gericht*
playa, la	*Strand*
plaza, la	*Platz*
plaza de toros, la	*Stierkampfarena*
plomo, el	*Blei*
poco	*wenig*
poder	*können*
poder, el	*Macht*
policía, la	*Polizei*
pollo, el	*Hähnchen*
polvo, el	*Staub, Pulver*
poner	*setzen, stellen, legen*
por	*wegen*
por casualidad	*zufällig*
por ciento, el	*Prozent*
por favor	*bitte*
¿por qué?	*Warum?*
porque	*weil*
posibilidad, la	*Möglichkeit*
posible	*möglich*
postal, la	*Postkarte*
postre, el	*Nachtisch*
prensa, la	*Presse*
preocupado	*besorgt*
preparar	*vorbereiten, kochen*
presentarse	*sich vorstellen*
primavera, la	*Frühling*
primo, el	*Cousin*
principio, el	*Anfang*
prisa, la	*Eile*
probar(se)	*(an-)probieren*
procedente	*aus*
profesión, la	*Beruf*
profundo	*tief*
pronóstico, el	*Vorhersage*
prohibido	*verboten*
pronto	*bald*
propina, la	*Trinkgeld*
proponer	*vorschlagen*
proteger	*schützen*
próximo	*nächster*
publicidad, la	*Werbung*
público	*öffentlich*
pueblo, el	*Dorf, Volk*
puente, el	*Brücke*
puerta, la	*Tür*

puerto, el	*Hafen, Pass*
puesto, el	*Stand*
punto, el	*Punkt*
punto de partida, el	*Ausgangspunkt*
punto de vista, el	*Gesichtspunkt*
puntual	*pünktlich*
¡qué lástima!	*Wie schade!*
que	*das, dass*
¿qué?	*Was?*
quejarse	*sich beschweren*
quemadura, la	*Verbrennung*
quemar	*brennen*
querer	*möchten, wollen, lieben*
queso, el	*Käse*
¿quién?	*Wer?*
quitar	*wegnehmen, wegtun*
quizá(s)	*vielleicht*
radio, la	*Radio*
radiografía, la	*Röntgenaufnahme*
ramo, el	*Strauß*
rápido	*schnell*
ratón, el	*Maus*
raya, la	*Streifen*
recepción, la	*Empfang*
receta, la	*Rezept*
recibir	*erhalten*
recoger	*aufräumen, wiedernehmen*
recomendar	*empfehlen*
reconocer	*anerkennen, wiedererkennen*
reconocimiento, el	*(ärztliche) Untersuchung*
redondo	*rund*
refrescar	*erfrischen*
refresco, el	*Erfrischung*
refugio, el	*Berghütte*
regar	*gießen*
relación, la	*Verbindung, Verhältnis*
rellenar	*ausfüllen*
reloj, el	*Uhr*
remar	*rudern*
remitente, el	*Absender*
remolcar	*abschleppen*
remolque, el	*Anhänger*
reparar	*reparieren*
reserva, la	*Reservierung*
reservar	*reservieren*
resfriado, el	*Schnupfen*
responsable	*verantwortlich*
resultar	*sich ergeben*
retraso, el	*Verspätung*
revisor, el	*Schaffner*
revista, la	*Zeitschrift*
rico	*reich, lecker*
río, el	*Fluss*
roca, la	*Felsen*
rodilla, la	*Knie*
rojo	*rot*
romper	*kaputt machen*
ropa, la	*Kleidung, Wäsche*
roto	*kaputt*
rueda, la	*Reifen, Rad*
ruido, el	*Lärm*
ruina, la	*Ruine, Ruin*
sábana, la	*Laken*
saber	*wissen, können*
sabor, el	*Geschmack*
sacar	*herausziehen*
sal, la	*Salz*
salado	*salzig*
salchicha, la	*Würstchen, Wurst*
salchichón, el	*Salami*
salida, la	*Ausgang, Ausfahrt*
salir	*hinausgehen, hinauskommen*
salsa, la	*Soße*
saltar	*(über-)springen*
salto, el	*Sprung, Wasserfall*
salud, la	*Gesundheit*
¡salud!	*Prost!*
saludar	*grüßen*
sandalia, la	*Sandale*
sandía, la	*Wassermelone*
sangre, la	*Blut*
sano	*gesund*
santo, el	*Heiliger, Namenstag*
sartén, la	*Pfanne*
secar	*(aus-)trocknen*
seco	*trocken*
secreto	*geheim*
sed, la	*Durst*
seda, la	*Seide*
seguir	*folgen, etwas weiter tun*
segundo, el	*Sekunde, Zweite*
seguridad, la	*Sicherheit*
seguro	*sicher*
seguro, el	*Versicherung*
seleccionar	*auswählen*
sello, el	*Briefmarke, Stempel, Siegel*
semáforo, el	*Ampel*

semana, la	*Woche*
sembrar	*säen*
senderismo, el	*Wandern*
sentarse	*sich setzen*
sentir	*fühlen*
señal de tráfico, la	*Verkehrsschild*
señalar	*zeigen*
separar	*trennen*
ser	*sein*
serpiente, la	*Schlange*
servicio, el	*Service, Toilette*
servilleta, la	*Serviette*
servir	*servieren, dienen*
seta, la	*(Speise-)Pilz*
sexo, el	*Geschlecht*
sí	*ja*
si	*wenn, falls*
si no	*sonst*
sida, el	*Aids*
siempre	*immer*
sierra, la	*Gebirge*
siglo, el	*Jahrhundert*
silla, la	*Stuhl*
sin	*ohne*
sino	*sondern*
sitio, el	*Platz, Ort*
sobre	*auf, über*
sobre, el	*Umschlag*
sobre todo	*vor allem*
sobrino, el	*Neffe*
sol, el	*Sonne*
solo	*allein*
sólo	*nur*
soltero	*ledig*
sombra, la	*Schatten*
sombrilla, la	*Sonnenschirm*
sonar	*klingen*
sonreir	*lächeln*
soñar	*träumen*
sopa, la	*Suppe*
soplar	*wehen, blasen*
sordo	*taub*
sorpresa, la	*Überraschung*
sucio	*schmutzig*
sudar	*schwitzen*
suegro, el	*Schwiegervater*
suela, la	*Sohle*
sueldo, el	*Lohn, Gehalt*
suelo, el	*Boden*
sueño, el	*Schlaf, Traum*
suéter, el	*Sweatshirt*
sufrir	*(er-)leiden*
sujetador, el	*BH*

suplemento, el	*Zuschlag, Beiheft*
suponer	*annehmen*
suspender	*absagen, durchfallen*
susto, el	*Schreck*
tabla, la	*Brett*
tacón, el	*(Schuh-)Absatz*
talla, la	*(Kleider-)Größe*
taller, el	*Werkstatt*
también	*auch*
tampoco	*auch nicht*
tanto	*so viel*
tapa, la	*Probierportion, Deckel*
taquilla, la	*(Info-)Schalter*
tardar	*(Zeit) brauchen*
tarde	*spät*
tarde, la	*Nachmittag*
tarifa, la	*Tarif*
tarjeta (de crédito), la	*(Kredit-)Karte*
té, el	*Tee*
techo, el	*(Zimmer-)Decke*
tecla, la	*Taste*
teclado, el	*Tastatur*
tejado, el	*Dach*
tele(visión), la	*Fernsehen*
telefonear	*telefonieren*
televisor, el	*Fernseher*
temer	*fürchten*
temperatura, la	*Temperatur*
temporada, la	*Saison*
tenedor, el	*Gabel*
tener ganas	*Lust haben*
tener mal genio	*jähzornig sein*
tener que ...	*müssen*
tener	*haben*
tensión, la	*Spannung, Blutdruck*
tercio, el	*Drittel*
terminar	*beenden*
ternera, la	*Kalb*
terremoto, el	*Erdbeben*
testigo, el	*Zeuge*
tiempo, el	*Wetter, Zeit*
tienda de campaña, la	*Zelt*
tienda, la	*Laden*
tierno	*zart, zärtlich*
tierra, la	*Erde*
tijeras, las	*Schere*
tintorería, la	*Reinigung*
tío, el	*Onkel*
típico	*typisch*

tirar	*ziehen*
toalla, la	*Handtuch*
tocar	*berühren*
todo	*alles*
tomar el sol	*sonnenbaden*
tomar	*(ein-)nehmen*
tomate, el	*Tomate*
tonto	*dumm*
torero, el	*Stierkämpfer*
tormenta, la	*Sturm, Gewitter*
toro, el	*Stier*
tos, la	*Husten*
toser	*husten*
trabajar	*arbeiten*
tradición, la	*Tradition*
traducir	*übersetzen*
traer	*bringen*
tráfico, el	*Verkehr*
traje (de baño), el	*(Bade-)Anzug*
tranquilo	*ruhig*
transbordador, el	*Fähre*
transportar	*transportieren*
trapo, el	*Lappen*
tratar	*versuchen*
tren (de cercanías), el	*Nahverkehrszug*
tripulación, la	*Besatzung*
triste	*traurig*
trozo, el	*Stück*
tumbona, la	*Liegestuhl*
turista, el	*Tourist*
unidad, la	*Einheit, Union*
uña, la	*(Finger-)Nagel*
urgente	*dringend, eilig*
usado	*gebraucht*
usar	*benutzen*
usted	*Sie*
uva, la	*Traube*
vaca, la	*Kuh*
vacaciones, las	*Ferien*
vaciar	*(ent-)leeren*
vacío	*leer*
vacuna, la	*Impfung*
vajilla, la	*Geschirr*
¡vale!	*Einverstanden*!
valer	*kosten*
válido	*gültig*
valioso	*wertvoll*
valle, el	*Tal*
vaso, el	*Glas*
vela, la	*Kerze, Segel*
velocidad, la	*Geschwindigkeit*
venda, la	*Binde*
vendedor, el	*Verkäufer, Vertreter*
vender	*verkaufen*
venenoso	*giftig*
venir	*kommen*
venta, la	*Verkauf*
ventana, la	*Fenster*
ventanilla, la	*Fenster, Schalter*
ver	*sehen*
verano, el	*Sommer*
verdad, la	*Wahrheit*
verde	*grün*
verdura, la	*Gemüse*
vestido, el	*Kleid*
vez, la	*Mal*
vía, la	*Gleis*
viajar	*reisen*
viaje, el	*Reise*
viajero, el	*Reisender*
víctima, la	*Opfer*
vida, la	*Leben*
vidrio, el	*Glas*
viejo	*alt*
viento, el	*Wind*
vientre, el	*Bauch*
vino, el	*Wein*
violar	*vergewaltigen*
virgen, la	*Jungfrau*
visitar	*besuchen*
vista, la	*(Aus-)Sicht*
viudo	*verwitwet*
vivir	*leben, wohnen*
volar	*fliegen*
volver	*zurückkommen*
volver a ...	*etwas erneut machen*
volverse	*sich umdrehen*
vomitar	*sich übergeben*
votar	*abstimmen*
voz, la	*Stimme*
vuelo, el	*Flug*
wáter, el	*WC*
y	*und*
ya	*schon*
ya no	*nicht mehr*
yate, el	*Jacht*
yerno, el	*Schwiegersohn*
zanahoria, la	*Karrotte*
zapato, el	*Schuh*
zona, la	*Gebiet*
zorro, el	*Fuchs*
zumo, el	*(Trink-)Saft*

ID	Lektion	Inhalt
1.	1	Diálogo 1A
2.		Comunicación 1A
3.		Diálogo 1B
4.		Comunicación 1B
5.	2	Diálogo 2A
6.		Comunicación 2A
7.		Diálogo 2B
8.		Comunicación 2B
9.	3	Diálogo 3A
10.		Comunicación 3A
11.		Diálogo 3B
12.		Comunicación 3B
13.	4	Diálogo 4A
14.		Comunicación 4A
15.		Diálogo 4B
16.		Comunicación 4B
17.	5	Diálogo 5A
18.		Comunicación 5A
19.		Diálogo 5B
20.		Comunicación 5B

ID	Lektion	Inhalt
21.	6	Diálogo 6A
22.		Comunicación 6A
23.		Diálogo 6B
24.		Comunicación 6B
25.	7	Diálogo 7A
26.		Comunicación 7A
27.		Diálogo 7B
28.		Comunicación 7B
29.	8	Diálogo 8A
30.		Comunicación 8A
31.		Diálogo 8B
32.		Comunicación 8B
33.	9	Diálogo 9A
34.		Comunicación 9A
35.		Diálogo 9B
36.		Comunicación 9B
37.	10	Diálogo 10A
38.		Comunicación 10A
39.		Diálogo 10B
40.		Comunicación 10B